배려의 영성

배려의 영성

지은이 | 강준민
초판 발행 | 2025. 4. 16
등록번호 | 제1988-000080호
등록된 곳 | 서울특별시 용산구 서빙고로65길 38 두란노빌딩
발행처 | 사단법인 두란노서원
영업부 | 2078-3333   FAX | 080-749-3705
출판부 | 2078-3331

책 값은 뒤표지에 있습니다.
ISBN 978-89-531-5098-0   03230

독자의 의견을 기다립니다.
tpress@duranno.com   http://www.duranno.com

두란노서원은 바울 사도가 3차 전도여행 때 에베소에서 성령 받은 제자들을 따로 세워 하나님의 말씀으로 양육
하던 장소입니다. 사도행전 19장 8-20절의 정신에 따라 첫째 목회자를 돕는 사역과 평신도를 훈련시키는 사역,
둘째 세계선교(TIM)와 문서선교(단행본·잡지) 사역, 셋째 예수문화 및 경배와 찬양 사역, 그리고 가정·상담 사역
등을 감당하고 있습니다. 1980년 12월 22일에 창립된 두란노서원은 주님 오실 때까지 이 사역들을 계속할 것입
니다.

삶의 태도 영혼의 향기

강준민

배려의 영성

두란노

차례

머리말

더 따뜻하고, 유연하고, 깊어지고, 풍성해지는 삶을 위하여

배려는 하나님의 마음입니다. 하나님의 성품입니다. 천국의 문화입니다. 배려가 있는 관계는 천국을 경험하게 합니다. 배려가 있는 가정과 공동체는 하나님의 사랑을 느끼게 합니다. 배려는 타고나는 성품이 아니라, 배워야 할 마음이며 훈련을 통해 길러야 할 영성입니다.

배려 속에는 하늘의 지혜가 담겨 있습니다. 결코 쉬운 일이 아니지만, 그 열매는 풍성합니다. 인생의 수많은 수업 중 배려 수업은 특별히 소중한 수업입니다. 배려는 사랑의 예술입니다.

배려는 인간 본성에서 자연스럽게 나오는 것이 아닙니다. 아담 이후 인간은 이기심, 시기, 질투, 분노와 복수심으로 살아가게 되었습니다. 가인은 아벨을 배려하지 않았고, 결국 폭력을 가해 생명을 빼앗았습니다. 이런 성품은 배우지 않아도 저절로 자라납니다. 가만두면 잡초처럼 번성합니다. 반대로 배려는 비본성입니다. 곧 하나님의 성품입니다. 이 비본성이 우리 안에 심기기 위해서는 훈련이 필요합니다. 꾸준한 반복과 집중이 요구됩니다. 영성은 습관이며, 영성 훈련은 좋은 습관을 형성하는 여정입니다. 배려의 정원을 잘 가꾸고, 배려의 씨앗을 일상 속에 심어야 합니다.

배려의 영성을 배우는 가장 좋은 방법은 그것을 살아 낸 인물들과의 만남입니다. 모범을 따라 배우는 것이 지혜입니다. 이 책에는 그 길을 보여 준 사람들이 등장합니다. 아브라함, 요셉, 갈렙, 룻, 보아스, 수넴 여인, 옥합을 깨뜨린 여인, 바나바, 그리고 예수님입니다. 이들은 모두 배려의 영성을 품은 인물들입니다.

배려는 씨앗과 같습니다. 심으면 열매를 맺습니다. 배려는 또 다른 배려를 낳고, 결국 풍성한 복으로 이어집니다. 배려는 양보를 낳고, 용서를 낳고, 섬김을 낳고, 사랑과 존중, 헌신과 겸손을 낳습니다. 배려의 절정은 십자가에 있습니다. 십자가는 하나님의 사랑이자, 하나님의 배려가 드러난 자리에 있습니다.

오늘날 배려라는 단어는 점점 잊혀 가고 있습니다. 목회 현장에서 저는 '충성', '순종', '온유', '겸손', '헌신'과 함께 '배려'라는 말이 점점 사라지고 있음을 절감합니다. 이 책에는 잊힌 단어 '배려'를 회복하고자 하는 간절한 마음을 담았습니다. 배려를 위해서는 양보를 배워야 합니다. 관용을 배워야 하고, 용서를 배워야 합니다. 놓음과 내려놓음을 배우고, 품는 것을 배워야 합니다. 옥합을 깨뜨리듯 자신의 소중한 것을 포기하는 훈련도 필요합니다. 무대 위에 자신을 세우기보다, 다른 사람을 세워 주는 겸손도 익혀야 합니다.

옳고 그름을 따지는 일은 중요합니다. 그러나 더 중요한 것이 있습니다. 화해입니다. 화목입니다. 화평입니다. 논쟁에서 이기는 것보다, 사람을 얻는 일이 더 소중합니다. 이기기 위해 대화하기보다, 사랑을 지키기 위해 대화해야 합니다. 남을 배려하기 위해서는 '나만 옳고 남은 틀렸다'는 정의 중독에서 벗어나야 합니다. 정의는 귀하지만, 잘못된 정의는 시야를 가리고 영혼을 피폐하게 합니다. 정죄, 비난, 편향은 더 나은 세상을 만들 수 없습니다.

하나님의 사랑은 무조건적인 배려의 사랑입니다. 예수님의 십자가는 하나님의 공의와 사랑이 함께 실현된 자리입니다. 하나님은 우리가 받아야 할 심판을 예수님께 대신 내리시고, 무조건적인 용서를 베풀어 주셨습니다. 그것이 하나님의 배려입니다.

배려의 문화는 존중의 문화입니다. 존중은 서로의 가능성과 잠재력을 인정하고 확장시키는 문화입니다. 배려는 관계를 회복하고, 공동체를 세우며, 자아를 성숙시키는 힘입니다. 하나님 나라가 이 땅 위에 임하는 통로 역시 배려입니다. 배려는 선택이 아니라, 하나님이 우리에게 주신 부르심입니다.

배려는 삶의 태도이며 영혼의 향기입니다. 성숙한 사람은 배려할 줄 아는 사람입니다. 배려는 손해처럼 보일 수 있지만, 결코 손해로 끝나지 않습니다. 진정한 배려는 계산하지 않고, 조건을 따지지 않습니다. 자신을 비우고 타인을 채우는 신비로운 사랑의 실천입니다. 차가운 세상이 배려로 따뜻해지기를 바랍니다. 이 책이 그 따뜻함의 출발선이 되기를 바랍니다.

세상은 빠르게 변해도 배려는 변하지 않습니다. 배려는 사람을 살리고, 마음을 이어 주고, 신뢰를 쌓아 가는 유일한 다리입니다. 작아 보여도, 배려는 결코 작지 않습니다. 결국 세상을 살리는 힘입니다. 작은 배려가 모여 따뜻한 언어를 만들고, 사람들 사이에 소망의 문을 엽니다. 작은 배려가 좋은 만남을 갖게 하고, 복된 기회를 만듭니다. 삶의 자리에서 작은 손길을 내

밀고 누군가의 눈물을 알아차려 그를 위해 조용한 기도를 드리는 것, 그것이 이 시대의 순수한 배려이며, 영적인 아름다움입니다.

이 책을 읽는 모든 분이 '배려의 하나님'을 깊이 체험하길 소망합니다. 배려의 영성을 통해 삶이 더 따뜻해지고, 더 유연해지고, 더 깊어지고, 더 풍성해지기를 기도합니다. 또한 이 책이 배려의 회복을 위한 씨앗이 되기를 기도합니다. 한 권의 책을 출판한다는 것은 한 생명을 잉태하고 출산하는 일과 같습니다. 이 귀한 여정을 함께해 주는 두란노에 깊이 감사드립니다. 배려의 사랑으로 동역해 주는 아내와 새생명비전교회 성도님들께도 감사의 마음을 전합니다. 부족한 종을 긍휼히 여기시고 사용하시는 하나님께 모든 영광을 올려 드립니다.

로스앤젤레스에서
강준민 드림

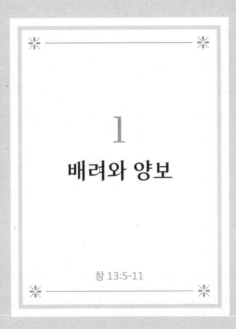

1
배려와 양보

창 13:5-11

배려, 하나님이 사랑하시는 성품

배려의 영성은 배려의 성품을 의미합니다. 배려의 영성은 사랑의 영성입니다. 아름다운 성품의 뿌리는 사랑입니다. 하나님의 사랑에서 아름다운 성품이 열매를 맺습니다. 하나님의 사랑은 배려하는 사랑입니다. 하나님의 배려는 하나님의 아름다운 성품입니다. 하나님은 우리가 더 나은 사람이 되길 원하십니다. 또한 하나님은 우리가 유능한 사람이 되길 원하십니다. 더 나은 사람이 되는 것과 유능한 사람이 되는 것은 분리할 수 없습니다. 함께 조화를 이루어야 합니다.

'배려'(配慮)란 타인을 돕거나 보살펴 주려고 자신의 마음을 쓰는 것입니다. 배려란 자신의 유익보다 상대방의 유익에 먼저 관심을 갖는 것입니다. 배려란 성숙한 성품입니다. 성숙한 성품은 이기적이지 않습니다. 이타적입니다. 배려란 남을 도와줌으로써 자신을 도와주는 것입니다. 배려란 남을 잘되게 함으로써 자신이 잘되는 것입니다. 배려란 순수한 마음에서 시작됩니다. 하지만 그 열매는 풍성합니다. 배려의 씨앗을 심고 기다리면 언젠가 풍성한 열매를 맺습니다.

배려의 영성에 대해 묵상하면서 제일 먼저 떠오른 인물은 아브라함입니다. 또한 창세기 13장이 가장 먼저 생각났습니다. 아브라함은 믿음의 조상입니다. 우리도 믿음으로 아브라함의 후손이 되었습니다.

> 그런즉 믿음으로 말미암은 자들은 아브라함의 자손인 줄 알지어다 갈 3:7
> 그러므로 믿음으로 말미암은 자는 믿음이 있는 아브라함과 함께 복을 받느니라 갈 3:9

우리는 거듭 믿음의 조상인 아브라함에게로 돌아와야 합니다. 또한 아브라함을 선택하신 하나님 아버지께로 돌아와야 합니다.

인생은 야구 게임과 같습니다. 야구 경기를 생각해 보십시오. 출발점이 있습니다. 그곳에서 경기를 시작합니다. 점수를 내기 위해 다시 출발점으로 돌아와야 합니다. 출발점이 홈입니다. 거듭 출발점으로 돌아와서 다시 게임을 합니다. 출발점이 원천입니다. 출발점이 초심입니다. 출발점이 근본입니다. 출발점이 기본입니다. 출발점이 부르심의 장소입니다. 출발점이 사명을 매듭짓는 장소입니다. 또한 거듭 새롭게 시작하는 장소입니다.

아브라함은 조카 롯을·데리고 갈대아 우르를 떠나 가나

안 땅으로 갔습니다. 롯은 아브라함을 따라와서 복을 받습니다. 아브라함 덕분에 롯의 재산도 점점 늘었습니다. 아브라함과 롯의 소유가 많아짐으로 동거하기가 어려워졌습니다.

> 아브람의 일행 롯도 양과 소와 장막이 있으므로 그 땅이 그들이 동거하기에 넉넉하지 못하였으니 이는 그들의 소유가 많아서 동거할 수 없었음이니라 창 13:5-6

"그들의 소유가 많아서 동거할 수 없었음이니라." 놀라운 표현입니다. 놀라운 깨우침입니다. 소유가 적은 것도 문제지만 소유가 많은 것도 문제입니다. 소유가 많아지자 아브라함의 가축의 목자와 롯의 가축의 목자가 서로 다투는 일이 생겼습니다. 이방 사람들이 보는 가운데 갈등이 생겼습니다. 서로 다투는 일이 생겼습니다(창 13:7).

양과 소는 풀을 먹어야 합니다. 그런데 땅은 한정되어 있습니다. 푸른 초장과 물도 한정되어 있습니다. 그래서 아브라함의 가축의 목자와 롯의 가축의 목자는 싸울 수밖에 없었습니다. 갈등의 원인이 소유의 증가에 있었습니다. 소유가 많아지면 문제가 없을 것 같은데 소유 때문에 갈등이 증폭되었습니다.

갈등은 위기를 낳습니다. 갈등이 없는 관계를 꿈꾼다면 그것은 환상입니다. 갈등은 관계를 형성하는 중에 반드시 거쳐야 하는 과정입니다. 갈등의 문제를 잘 해결할 때 더욱 깊은 관계로 발전할 수 있습니다. 아브라함은 갈등의 문제를 잘 해결합니다. 어떻게 해결했을까요?

갈등 대신 화목을 선택하십시오

아브라함은 싸움을 싫어합니다. 불화를 싫어합니다. 그는 온유한 성품의 사람입니다. 그는 화평을 원합니다.

> 아브람이 롯에게 이르되 우리는 한 친족이라 나나 너나 내 목자나 네 목자나 서로 다투게 하지 말자 창 13:8

갈등을 해결하는 길은 갈등을 인정하는 것입니다. 현실을 직시하는 것입니다. 아브라함은 갈등을 인정합니다. 하지만 화목을 선택합니다. 갈등의 목표를 화목으로 선택하십시오. 아브라함은 "목자들이 서로 다투게 하지 말자"고 롯에게 말합니다. 아브라함은 지금 소유가 많아서 동거할 수 없다는 사실을 인정합니다. 아브라함은 롯을 내려놓을 때가 되었다고 생각합니다.

아브라함은 그동안 롯을 사랑하고 롯에게 집착했습니다. 하나님은 아브라함에게 아들을 약속하지 않으시고, 아들을 주지 않으셨습니다. 그래서 아브라함은 롯을 자신의 상속자로 여겼습니다. 아브라함은 하나님이 약속하신 아들을 기다리는 동안 대안을 생각합니다. 그 첫 번째 대안이 조카 롯입니다. 하지만 하나님의 뜻은 롯이 아니라 사라의 몸에서 태어날 아들이 아브라함의 상속자가 되는 것이었습니다.

아브라함은 갈등이 심화되자 롯에 대한 집착을 내려놓습니다. 이제 롯을 떠나보내기로 선택합니다. 성숙한 사람은 붙잡아야 할 때와 내려놓을 때를 분별할 줄 압니다. 이 세상에 영원히 붙잡을 수 있는 것은 없습니다. 그럴 사람도, 그럴 대상도 없습니다. 언젠가는 하나씩 하나씩 내려놓아야 합니다. 죽을 때는 모든 것을 내려놓아야 합니다. 두 손을 펴고 떠나야 합니다.

화목한다는 것이 영원히 함께해야 한다는 것을 의미하지 않습니다. 화목을 도모하면서도 내려놓을 수 있습니다. 화목을 도모하면서도 떠나보낼 수 있습니다. 갈등하고 다툴 수 있습니다. 하지만 그 목표는 화목이어야 합니다. 함께 있을 수도 있고, 떠날 수도 있습니다. 하지만 그 목표는 화목이어야 합니다. 인생은 화목할 때 행복합니다. 화목은 서로 조화를 이루는 것입니다. 서로 다름을 인정하는 것입니다. 서로 걸어가야 할 각자의 길을 인정하는 것입니다.

데이비드 홉킨스(David Hopkins)는 "성숙한 사람은 이기려 하기보다는 해결하려는 마음으로 갈등에 접근한다"라고 말합니다. 대화의 목적은 이기는 데 있지 않습니다. 서로를 깊이 이해하는 데 있습니다. 가장 어리석은 것은 쓸모없는 일에 이기는 것입니다. 갈등 속에도 보화가 감추어져 있습니다. 갈등을 잘 해결할 때 우리는 더욱 성장하고, 더욱 성숙해집니다.

갈등은 마치 갈등이 없는 것처럼 무시함으로 해결되는 것이 아닙니다. 현실을 직시하고 서로의 한계를 깨달을 때 해결됩니다. 서로의 집착을 내려놓을 때 해결됩니다. 성숙한 사람은 이기는 것보다 화목하는 데 관심이 많습니다. 하나님은 우리가 이기는 것보다 갈등을 통해 더욱 성장하고 성숙하길 원하십니다.

양보할 때 믿음이 자랍니다

아브라함은 자신이 먼저 선택할 수 있는 권리를 양보합니다. 누군가를 배려하면 양보하게 됩니다. 선택권을 양보하는 것은 결코 쉬운 일이 아닙니다. 인생은 선택입니다. 선택은 결과를 낳습니다. 선택은 미래에 영향을 끼칩니다. 선택한다는 것은 곧 미래를 선택하는 것입니다. 그 소중한 선택권을 아브라함은 양보합니다. 아브라함은 롯에게 먼저 선택할 기회를 줍니다.

네 앞에 온 땅이 있지 아니하냐 나를 떠나가라 네가 좌하면 나는 우하고 네가 우하면 나는 좌하리라 창 13:9

아브라함 선택권을 양보하는 선택을 했습니다. 우리 인생은 선택의 연속입니다. 선택할 때는 신중해야 합니다. 분별을 잘해야 합니다. 아브라함은 선택권을 양보함으로 롯을 배려합니다. 양보하려면 마음의 그릇이 커야 합니다.

양보(讓步)란 무슨 의미입니까? 양보란 사양하는 것입니다. '양보'라는 단어를 국어사전에서 찾아보면 "길이나 자리, 물건 따위를 사양하여 남에게 미루어 줌, 자기의 주장을 굽혀

남의 의견을 좇음, 남을 위하여 자신의 이익을 희생함"이라고 설명합니다. 양보란 자신이 마땅히 취할 수 있는 권한을 포기하는 것입니다. 양보는 약함을 보여 주는 것이 아닙니다. 오히려 내면의 강함을 보여 주는 것입니다. 양보는 온유함의 열매입니다.

인간이 가지고 있는 무서운 유혹은 모든 것을 스스로 통제하고 싶은 유혹입니다. 모든 것을 자기 마음대로 하고 싶은 유혹입니다. 그 유혹 때문에 권력을 원합니다. 그 유혹 때문에 사람들에게 자신의 뜻을 강요합니다. 아브라함은 그 힘든 유혹을 극복하고 선택권을 양보합니다. 양보란 내려놓음을 의미합니다. 양보란 자신의 생애를 하나님께 맡기는 것입니다. 양보란 자포자기하는 것이 아니라 하나님을 신뢰하는 것입니다.

내려놓음은 소중한 영적 훈련입니다. 내려놓을 때 평강이 찾아옵니다. 내려놓을 때 하나님이 개입하십니다. 내려놓을 때 새로운 문이 열립니다. 홉킨스는 "내려놓음은 새로운 기회와 성장을 위한 문을 연다"라고 말합니다. 우리는 집착함으로 성장하는 것이 아닙니다. 오히려 내려놓음으로 더욱 성장합니다.

롯은 양보하지 않습니다. 아브라함에게 감사를 표하지도

않습니다. 주저함 없이 눈에 보이는 좋은 땅을 선택합니다.

이에 롯이 눈을 들어 요단 지역을 바라본즉 소알까지 온 땅에 물이 넉넉하니 여호와께서 소돔과 고모라를 멸하시기 전이었으므로 여호와의 동산 같고 애굽 땅과 같았더라 그러므로 롯이 요단 온 지역을 택하고 동으로 옮기니 그들이 서로 떠난지라 아브람은 가나안 땅에 거주하였고 롯은 그 지역의 도시들에 머무르며 그 장막을 옮겨 소돔까지 이르렀더라 창 13:10-12

롯은 잘못된 선택을 하고 있습니다. 하나님은 우리가 선택할 때마다 조용히 지켜보십니다. 우주는 우리가 선택할 때마다 조용히 기다립니다. 우리가 선택할 때 우주도 함께 움직입니다. 우리가 움직일 때 우주도 함께 움직입니다. 선택은 정말 놀라운 것입니다. 모든 선택을 잘할 수 없습니다. 아브라함의 모든 선택이 옳았던 것은 아닙니다. 하지만 아브라함이 롯에게 땅의 선택권을 양보한 것은 잘한 것입니다.

우리는 롯의 잘못된 선택을 반면교사로 삼을 수 있습니다. 롯의 선택은 그를 돌보아 준 아브라함을 배려하지 않은 선택입니다. 어떻게 보면 배은망덕한 선택입니다. 그는 당장 유익이 되는 쪽을 선택했습니다. 롯은 자신과 자신의 가족이 받게 될 영적인 영향력을 고려하지 않았습니다. 결국 그는 소돔까지 이르게 됩니다. 성경은 소돔 사람에 대해 짧게 표현합니다.

소돔 사람은 여호와 앞에 악하며 큰 죄인이었더라 창13:13

선택할 때 중요한 것은 안목입니다. 당장 눈에 보이는 유익을 따라 선택할 것인지, 아니면 장기적인 안목에서 선택할지를 분별해야 합니다. 무엇보다 영원의 시각에서 선택할 수 있어야 합니다. 롯은 영적인 안목이 부족했습니다. 롯도 보았습니다.

롯이 눈을 들어 요단 지역을 바라본즉 창13:10

누구나 봅니다. 하지만 누구나 깨닫는 것은 아닙니다. 보는 것보다 더 중요한 것은 '무엇을 보는가'입니다. '어떤 관점으로 보는가'입니다. '어떤 가치관을 가지고 보는가'입니다. 사람은 바로 보지 않습니다. 자신이 보고 싶은 것만 봅니다. 그런 까닭에 잘못된 선택을 할 때가 있습니다. 선택할 때는 하나님과의 관계, 가족과의 관계를 모두 고려해야 합니다. 아브라함와 롯은 친족입니다. 롯은 아브라함의 은혜를 입은 사람입니다. 아브라함 때문에 소유가 많아졌습니다. 그런데 그는 자신의 유익에 우선하는 선택을 했습니다.

일회성이 아닌
지속적인 배려가 필요합니다

아브라함은 롯과 헤어진 후에도 롯을 지속적으로 돌봅니다. 아브라함은 그릇이 큰 사람입니다. 한두 번 배려하는 것은 그렇게 어렵지 않습니다. 하지만 지속적으로 배려하는 것은 어려운 일입니다. 우리 같으면 롯에 대해 섭섭한 마음을 품었을 것 같습니다. 조금 더 감정이 상했다면 배은망덕하다고 속으로라도 한마디 했을 것 같습니다. 물론 아브라함도 섭섭한 마음을 품었을 것입니다. 하지만 그는 어른입니다. 성숙한 사람입니다. 자신의 감정을 다스립니다.

에리히 프롬(Erich Fromm)은 《사랑의 기술》에서 참된 사랑과 성숙한 사랑을 가르쳐 줍니다. 그는 참된 사랑은 일회적인 것이 아니라 지속적인 과정이라고 말합니다. 그는 "사랑하는 행위는 지속적인 과정이며, 끊임없는 노력과 책임이 요구된다"라고 말합니다. 사랑한다는 것은 헌신한다는 것입니다. 우리가 누군가를 사랑한다고 말할 때 그 말의 무게를 알아야 합니다. 프롬은 "사랑에서 헌신을 지속한다는 것은 우리의 돌봄과 헌신을 끊임없이 새롭게 하는 것이다"라고 말합니다. 누군가를 돌보는 것은 일회성이 아닙니다. 지속적으로 돌보는 것입니다.

롯과 헤어진 아브라함은 어느 날 롯이 네 왕에게 사로잡혀 갔다는 소식을 듣습니다. 그러자 아브라함은 자기 집에서 훈련시킨 사람들을 데리고 가서 롯을 구해 줍니다.

> 아브람이 그의 조카가 사로잡혔음을 듣고 집에서 길리고 훈련된 자 삼백십팔 명을 거느리고 단까지 쫓아가서 그와 그의 가신들이 나뉘어 밤에 그들을 쳐부수고 다메섹 왼편 호바까지 쫓아가 모든 빼앗겼던 재물과 자기의 조카 롯과 그의 재물과 또 부녀와 친척을 다 찾아왔더라 창 14:14-16

아브라함의 롯을 구하기 위한 전략은 아주 탁월합니다. 그 속도가 아주 빠릅니다. 아브라함은 적들이 예상할 수 없는 밤에 신속하게 그들을 쳐부숩니다. 조카 롯과 그의 재물과 또 부녀와 친척을 다 찾아옵니다.

아브라함은 이 일이 있은 후에도 계속해서 롯을 돌봐 줍니다. 하나님의 천사가 아브라함을 방문해서 소돔과 고모라의 심판 소식을 알려 줍니다. 소돔과 고모라의 죄악 때문에 하나님이 그들을 진멸하실 것이라고 알려 줍니다. 그 소식을 들은 아브라함은 조카 롯을 위해 하나님께 나아가 간절히 중보 기도를 드립니다.

아브라함과 롯이 헤어진 지 많은 세월이 흘렀습니다. 그 사이에 이스마엘이 태어났습니다. 창세기 18장은 아브라함의 나이가 99세가 되었을 때입니다. 그런데 아브라함은 소돔과 고모라에 있는 롯을 구원하기 위해 하나님께 간청 기도를 드립니다.

> 아브라함이 가까이 나아가 이르되 주께서 의인을 악인과 함께 멸하려 하시나이까 그 성중에 의인 오십 명이 있을지라도 주께서 그곳을 멸하시고 그 오십 의인을 위하여 용서하지 아니하시리이까 창 18:23-24

아브라함은 조카 롯을 위해 하나님께 한 번만 기도드린 것이 아닙니다. 여섯 번이나 간청해서 기도드립니다. 하나님을 설득하고 또 설득합니다. 중보 기도는 사랑하는 사람을 위해 하나님을 설득하는 기도입니다. 하나님은 아브라함의 간청 기도를 생각하시고 소돔과 고모라를 멸망시키는 중에 롯과 그의 가족을 구원해 주십니다.

하나님이 그 지역의 성을 멸하실 때 곧 롯이 거주하는 성을 엎으실 때에 하나님이 아브라함을 생각하사 롯을 그 엎으시는 중에서 내보내셨더라 창 19:29

중보 기도를 드리면 하나님이 기도한 사람을 생각하시고 응답해 주십니다. 중보 기도는 하나님으로 생각나시게 만드는 능력입니다. 하나님은 우리의 간청 기도를 소중히 여기십니다. 중보 기도는 사랑하는 사람을 배려하는 은총의 도구입니다.

배려하는 자에게 풍성한 복이
예비되어 있습니다

아브라함은 롯을 배려하고, 롯이 먼저 선택할 수 있도록 기회를 양보합니다. 그 결과 아브라함은 놀라운 복을 받습니다. 아브라함이 풍성한 복을 받기 위해 배려하고 양보한 것은 아닙니다. 그는 정말 아무것도 기대하지 않고 롯을 배려했습니다. 또한 좋은 땅을 양보했습니다. 그런데 하나님은 아브라함에게 풍성한 복을 부어 주십니다.

하나님은 땅과 후손의 복을 부어 주십니다

하나님은 롯에게 좋은 땅을 양보한 아브라함에게 놀라운 복을 부어 주십니다. 땅과 후손의 복입니다.

롯이 아브람을 떠난 후에 여호와께서 아브람에게 이르시되 너는 눈을 들어 너 있는 곳에서 북쪽과 남쪽 그리고 동쪽과 서쪽을 바라보라 보이는 땅을 내가 너와 네 자손에게 주리니 영원히 이르리라 내가 네 자손이 땅의 티끌 같게 하리니 사람이 땅의 티끌을 능히 셀 수 있을진대 네 자손도 세리라 창 13:14-16

하나님은 롯이 선택한 땅보다 더 좋은 땅을 아브라함에게 선물해 주십니다. 아브라함을 떠날 때 롯은 티끌을 날리며 떠났습니다. 아브라함의 눈길이 티끌에 머물렀습니다. 그런데 하나님은 아브라함에게 티끌같이 많은 후손을 허락해 주겠다고 말씀하십니다. 선택의 비밀은 당장의 유익보다 장기적 유익을 따라 선택하는 데 있습니다. 영원한 안목을 가지고 선택하는 것입니다.

하나님은 멜기세덱을 통해 아브라함을 축복해 주십니다

아브라함이 조카 롯을 구출하고 돌아올 때 살렘 왕 멜기세덱이 떡과 포도주를 가지고 나와서 아브라함을 맞이합니다. 그리고 그는 지극히 높으신 하나님의 이름으로 아브라함을 축복합니다. 그 축복을 받은 아브라함은 전리품에서 십분의 일을 멜기세덱에게 줍니다.

살렘 왕 멜기세덱이 떡과 포도주를 가지고 나왔으니 그는 지극히 높으신 하나님의 제사장이었더라 그가 아브람에게 축복하여 이르되 천지의 주재이시요 지극히 높으신 하나님이여 아브람에게 복을 주옵소서 너희 대적을 네 손에 붙이신 지극히 높으신 하나님을 찬송할지로다 하매 아브람이 그 얻은 것에서 십분의 일을 멜기세덱에게 주었더라 창 14:18-20

멜기세덱은 아주 신비로운 인물입니다. 구약에서 멜기세

덱은 단 두 번 등장합니다. 창세기 14장과 시편 110편입니다.

여호와는 맹세하고 변하지 아니하시리라 이르시기를 너는 멜기세덱의 서열을 따라 영원한 제사장이라 하셨도다 시 110:4

멜기세덱은 살렘 왕입니다. 곧 예루살렘 왕입니다. 또한 살렘 왕은 샬롬 왕, 즉 평강의 왕을 의미합니다. 멜기세덱은 왕이면서 지극히 높으신 하나님의 제사장입니다. 율법 이전에 지극히 높으신 하나님의 제사장은 멜기세덱입니다. 히브리서 7장은 멜기세덱이 누구인가를 놀랍게 표현합니다.

살렘 왕이니 곧 평강의 왕이요 아버지도 없고 어머니도 없고 족보도 없고 시작한 날도 없고 생명의 끝도 없어 하나님의 아들과 닮아서 항상 제사장으로 있느니라 히 7:2-3

히브리 기자가 증거하고 설명하는 멜기세덱 같은 이는 사실상 예수님밖에 없습니다. 예수님이라고 말하지는 않지만 하나님의 아들이신 예수님을 닮았다고 합니다. 예수님과 방불한 분이라고 이야기합니다.

성경학자들은 구약에서 예수님이 잠시 이 땅을 방문하신 적이 있다고 말합니다. 그중 하나가 예수님이 멜기세덱으로 아브라함을 만나 축복해 주신 사건입니다. 멜기세덱은 예수님의 모형입니다. 떡과 포도주를 가지고 나왔습니다. 예수님은 최후의 만찬에서 떡과 포도주를 제자들에게 나누어 주셨습니다. 그 떡과 포도주는 예수님의 몸과 피를 의미합니다.

여기서 우리가 기억해야 할 것은 아브라함이 멜기세덱을 만난 때입니다. 그것은 아브라함이 조카 롯을 네 명의 왕들에게서 구원해 낸 직후입니다. 아브라함은 롯을 향한 지속적인 배려와 돌봄을 통해 멜기세덱을 만나 놀라운 복을 받았습니다. 신약에서 예수님은 아브라함에 관해 놀라운 말씀을 하신 적이 있습니다.

너희 조상 아브라함은 나의 때 볼 것을 즐거워하다가 보고 기뻐하였느니라 요 8:56

아브라함이 예수님을 보았다고 말씀하십니다. 아브라함이 언제 어떻게 예수님을 보았을까요? 그는 멜기세덱을 통해 예수님을 보았습니다. 또한 모리아산에서 이삭 대신에 하나님이 예비하신 숫양을 통해 예수님을 보았습니다.

하나님은 아브라함에게
이삭을 선물하심으로 축복해 주십니다

아브라함은 한때 롯을 자신의 상속자로 생각했습니다. 하지만 그것은 하나님의 뜻이 아니었습니다. 하나님의 뜻은 사라를 통해 아들 이삭을 주시고, 이삭을 아브라함의 상속자로 세우시는 것이었습니다. 그 놀라운 뜻은 아브라함이 조카 롯을 배려해 좋은 땅을 먼저 선택하도록 양보함으로 성취됩니다. 아브라함이 조카 롯을 내려놓는 것은 결코 쉬운 일이 아니었을 것입니다. 하지만 그가 롯을 내려놓았을 때 하나님이 이삭을 선물해 주셨습니다.

> 사라가 임신하고 하나님이 말씀하신 시기가 되어 노년의 아브라함에게 아들을 낳으니 … 아브라함이 그의 아들 이삭이 그에게 태어날 때에 백 세라 창 21:2, 5

하나님은 양보를 통해 더욱 큰 복을 주십니다. 하나님은 내려놓음을 통해 더욱 놀라운 일을 전개하십니다. 하나님은 우리가 양보한 것보다 더 소중한 것을 선물해 주십니다. 하나님은 우리가 양보한 것보다 더 적합한 것을 선물해 주십니다. 내려놓음은 포기가 아닙니다. 하나님이 더 좋은 것을 주시도록 그분께 기회를 드리는 것입니다.

하나님은 배려를 통해
구속의 역사를 이루십니다

아브라함이 배려의 사람이 된 것은 하나님의 은혜입니다. 또한 그가 경험한 하나님의 풍성한 복과 하나님의 배려 덕분입니다. 하나님은 지속적으로 아브라함을 배려해 주십니다. 지속적으로 그를 돌보아 주십니다. 아브라함은 아내 사라를 누이라 속이는 바람에 두 번이나 죽음의 위기에 처했습니다. 하지만 하나님은 그를 보호해 주셨습니다. 오히려 아브라함의 실수를 통해 그를 축복해 주셨습니다.

아브라함은 인내하지 못하고 조카 롯, 종 엘리에셀, 그리고 하갈이 낳은 이스마엘을 상속자로 삼으려 했습니다. 하지만 하나님은 아브라함을 서둘러 판단하거나 포기하지 않으셨습니다. 그를 긍휼히 여기셨습니다. 그를 성실하게 돌보아 주셨습니다. 하나님은 아브라함과 하신 약속을 끝까지 지켜 주셨습니다. 그를 지속적으로 배려해 주셨습니다.

하나님이 아브라함의 생애 속에 그를 배려해 주신 것은

그가 100세가 되었을 때 아들을 주신 것입니다. 사라가 아들을 잉태할 때 아브라함은 99세였습니다. 사라는 90세였습니다. 아브라함은 노쇠했습니다. 사라는 경수가 끊어진 때였습니다. 그런데 하나님이 그들을 배려해 주심으로 이삭을 낳도록 도와주셨습니다.

아브라함은 생애에 가장 감동적인 하나님의 배려를 모리아산에서 경험합니다. 그는 하나님의 말씀에 순종해서 사랑하는 아들 이삭을 모리아산에서 번제로 드립니다. 그의 순종을 보신 하나님은 이삭을 대신해 예비해 놓으신 숫양을 번제로 드리게 하십니다.

아브라함이 눈을 들어 살펴본즉 한 숫양이 뒤에 있는데 뿔이 수풀에 걸려 있는지라 아브라함이 가서 그 숫양을 가져다가 아들을 대신하여 번제로 드렸더라 창 22:13

아브라함이 경험한 최상의 배려입니다. 최상의 양보입니다. 하나님이 이삭을 대신해서 숫양을 예비해 주셨습니다. 하나님이 이삭을 받는 것을 양보하시고 숫양을 예비해 주셨습니다. 숫양은 장차 오실 예수님의 모형입니다.

하나님이 우리를 구원하기 위해 자신의 독생하신 아들,

예수님을 양보해 주십니다. 그것은 하나님의 배려입니다. 죄인을 위한 배려입니다. 우리는 죄인으로서 하나님의 심판과 저주와 정죄를 받아 마땅합니다. 또한 죄의 삯은 사망입니다. 죄를 지었으므로 마땅히 죽어야 합니다. 그런데 예수님이 우리를 대신해서 죽으셨습니다. 우리를 대신해서 죄 짐을 지셨습니다. 우리를 대신해서 심판과 정죄와 저주를 받으셨습니다. 예수님은 우리를 위해 화목제물이 되셨습니다.

예수님은 우리에게 용서와 축복과 의로움과 거룩함, 또한 하나님의 자녀 됨과 영생과 천국을 선물해 주셨습니다. 그리고 예수님과 더불어 하나님 나라를 상속하는 후사가 되게 하셨습니다.

하나님의 배려와 양보를 기억하십시오. 우리도 하나님을 본받아 배려와 양보의 삶을 살아갑시다. 가능한 싸우거나 다투지 않도록 합시다. 다투는 일이 있더라도 화해합시다. 배려와 양보가 화목의 비결입니다. 또한 아브라함처럼 배려하고 양보함으로 풍성한 복을 받아 누리고 나누며 삽시다. 배려의 영성을 통해 풍성한 삶을 살아가길 바랍니다.

묵상 질문

1 일상 속에서 누군가를 위해 '한 걸음 물러서는 선택'을 한
  적이 있습니까? 그 순간 어떤 마음이 들었습니까?

2 내가 지금 '배려받아야 한다'고 느끼는 상황이 있다면, 그
  감정은 하나님 앞에서 어떻게 드러내야 할까요?

3 관계 속에서 '이기는 것'과 '화목하는 것' 중 무엇을 더 중요
  하게 여깁니까? 그 이유는 무엇입니까?

"겸손은
자신을 낮추는 것이 아니라,
다른 이를 먼저 세우는 것이다."
_코리 텐 붐

"Humility is
not thinking less of yourself
but putting others first."

2
배려와 용서

창 41:50-52

용서, 하나님이 주시는 복의 통로

　배려의 영성은 용서의 영성입니다. 배려 중에 가장 큰 배려는 용서입니다. 용서한다는 것은 가장 고귀한 일이지만, 가장 힘든 일입니다. 용서가 얼마나 어려운지 우리는 압니다. 특별히 우리에게 깊은 상처를 준 사람을 용서하는 것은 어렵습니다. 사랑하는 가족을 아프게 한 사람을 용서하는 것은 어렵습니다.

　하나님은 요셉에게 그에게 상처를 준 형들을 용서하라고 말씀하십니다. 하나님은 모든 고난 중에 그와 함께하셨습니다. 하나님의 은혜로 요셉은 말할 수 없는 고난을 극복하고 애굽의 국무총리가 됩니다. 하나님의 은혜로 요셉은 애굽 여인과 결혼합니다. 하나님은 애굽 땅에 7년의 풍년과 7년의 흉년을 계획하십니다. 7년의 풍년이 지나고 흉년이 들기 전에 하나님은 요셉에게 두 아들을 선물로 주십니다.

　흉년이 들기 전에 요셉에게 두 아들이 나되 곧 온의 제사장 보디베라의 딸 아스낫이 그에게서 낳은지라 창 41:50

　하나님은 두 아들의 이름을 므낫세와 에브라임으로 짓게

하십니다. 그 이름 안에 하나님의 뜻과 권면 그리고 약속이
함께 담겨 있습니다.

> 요셉이 그의 장남의 이름을 므낫세라 하였으니 하나님이 내
> 게 내 모든 고난과 내 아버지의 온 집 일을 잊어버리게 하셨다
> 함이요 차남의 이름을 에브라임이라 하였으니 하나님이 나를
> 내가 수고한 땅에서 번성하게 하셨다 함이었더라 창 41:51-52

'므낫세'는 히브리어로 '잊어버리다' 또는 '잊게 하다'는
뜻입니다. '에브라임'은 히브리어로 '번성하다' 또는 '두 배로
열매를 맺다'는 의미입니다. 두 이름 속에 '용서하면 번성하
리라'라는 뜻이 내포되어 있습니다. "하나님이 내게 내 모든
고난과 내 아버지의 온 집 일을 잊어버리게 하셨다"라는 말씀
속에 요셉의 고난이 담겨 있습니다. 용서에 대한 하나님의 권
면이 담겨 있습니다.

요셉이 받은 고난은 그의 형제들 때문에 시작되었습니
다. 친동생 베냐민을 제외한 모든 형제가 그를 미워했습니다.
그를 애굽에 팔았습니다. 이제 하나님은 요셉에게 그들을 용
서하라고 말씀하십니다.

하나님이 요셉에게 두 아들을 주신 때를 숙고해 보십시

오. "흉년이 들기 전에"(창41:50). 하나님은 흉년이 시작되면 요셉의 형들이 애굽에 올 것을 아셨습니다. 그래서 므낫세라는 아들의 이름을 통해 요셉에게 형들을 용서하라고 말씀하십니다. 그들의 일을 잊으라고 말씀하십니다. 하나님이 "용서하고 잊으라"고 말씀하십니다. "용서하고 잊으면 번성케 하리라"고 말씀하십니다.

요셉은 하나님의 말씀을 따라 두 아들의 이름을 므낫세와 에브라임이라고 짓습니다. 그리고 형들의 죄를 용서합니다. 그 일이 있고 난 후에 요셉의 형들이 애굽에 옵니다.

그때에 야곱이 애굽에 곡식이 있음을 보고 아들들에게 이르되 너희는 어찌하여 서로 바라보고만 있느냐 야곱이 또 이르되 내가 들은즉 저 애굽에 곡식이 있다 하니 너희는 그리로 가서 거기서 우리를 위하여 사오라 그러면 우리가 살고 죽지 아니하리라 하매 요셉의 형 열 사람이 애굽에서 곡식을 사려고 내려갔으나 야곱이 요셉의 아우 베냐민은 그의 형들과 함께 보내지 아니하였으니 이는 그의 생각에 재난이 그에게 미칠까 두려워함이었더라 창 42:1-4

요셉은 드디어 그의 형들을 만납니다. 요셉의 형들이 그에게 엎드려 절합니다. 놀라운 광경입니다.

> 이스라엘의 아들들이 양식 사러 간 자 중에 있으니 가나안 땅
> 에 기근이 있음이라 때에 요셉이 나라의 총리로서 그 땅 모든
> 백성에게 곡식을 팔더니 요셉의 형들이 와서 그 앞에서 땅에
> 엎드려 절하매 창 42:5-6

요셉은 그의 형들을 알아보지만 그의 형들은 요셉을 몰
라봅니다. 요셉은 그에게 큰 고통과 상처를 준 형들에게 복수
하지 않습니다. 나중에 동생 베냐민이 왔을 때 자신의 정체
를 밝힙니다. 그들을 용서합니다. 그들을 돌보아 줍니다. 요셉
이 형들에게 베푼 가장 아름다운 배려는 용서입니다. 요셉은
용서를 통해 더욱 풍성한 복을 받습니다. 더욱 빛나는 생애를
살게 됩니다.

하나님은 고난을 통해
꿈꾸는 사람을 키우십니다

왜 용서하는 배려가 중요할까요? 용서는 왜 힘들까요?

어떻게 상처를 준 사람을 용서할 수 있을까요? 하나님은 왜 요셉에게 그토록 많은 고난을 허락하셨을까요? 고난의 비밀은 무엇일까요? 한때 상처투성이였던 요셉이 어떻게 그토록 성숙한 사랑의 사람이 될 수 있었을까요?

하나님은 요셉이 아버지 야곱의 사랑을 받게 하셨습니다. 야곱은 요셉을 사랑해서 채색옷을 지어 입혔습니다(창 37:3). 아버지 야곱이 편애하는 것을 본 그의 형들은 요셉을 미워합니다. 누군가의 사랑을 받는다는 것은 누군가의 미움의 대상이 될 수 있다는 것임을 알아야 합니다.

> 그의 형들이 아버지가 형들보다 그를 더 사랑함을 보고 그를 미워하여 그에게 편안하게 말할 수 없었더라 창 37:4

아버지의 편애 때문에 요셉을 미워하던 그의 형들은 요셉의 꿈 이야기를 듣고 그를 더욱 미워하게 됩니다.

> 요셉이 꿈을 꾸고 자기 형들에게 말하매 그들이 그를 더욱 미워하였더라 창 37:5
> 우리가 밭에서 곡식 단을 묶더니 내 단은 일어서고 당신들의 단은 내 단을 둘러서서 절하더이다 그의 형들이 그에게 이르

되 네가 참으로 우리의 왕이 되겠느냐 참으로 우리를 다스리게 되겠느냐 하고 그의 꿈과 그의 말로 말미암아 그를 더욱 미워하더니 창 37:7-8

요셉의 꿈은 곡식과 연결되어 있습니다. 요셉의 꿈은 정치가가 되는 꿈입니다. 다스리는 꿈입니다. 요셉의 꿈 이야기를 들은 형들은 요셉을 더욱 미워하게 되었습니다. 누군가의 사랑의 대상이 되는 것은 기쁜 일이지만 누군가의 미움의 대상이 되는 것은 고통스러운 일입니다. 동생 베냐민을 제외한 모든 형제가 요셉을 미워하고 왕따시켰습니다.

나중에 형들은 도단에서 요셉을 만났을 때 그를 죽이기로 꾀합니다. 미워하고 더욱 미워하더니 이제 죽이기로 작정합니다. 사람 안에 있는 악은 점점 더 자랍니다. 점점 더 강렬해집니다. 형들은 아버지의 심부름 때문에 도단에 온 요셉을 구덩이에 던집니다. 그리고 요셉의 꿈에 대해 서로 비아냥댑니다.

자, 그를 죽여 한 구덩이에 던지고 우리가 말하기를 악한 짐승이 그를 잡아먹었다 하자 그의 꿈이 어떻게 되는지를 우리가 볼 것이니라 하는지라 창 37:20

인간은 악합니다. 요셉을 가장 사랑해야 할 형들이 그를 죽이려고 합니다. 먼저 채색옷을 벗기고 잡아서 구덩이에 던집니다. 성경의 표현이 격합니다. 형들은 짐승을 잡듯이 요셉을 잡았습니다. 짐승을 던지듯이 구덩이에 던졌습니다.

요셉이 형들에게 이르매 그의 형들이 요셉의 옷 곧 그가 입은 채색옷을 벗기고 그를 잡아 구덩이에 던지니 그 구덩이는 빈 것이라 그 속에 물이 없었더라 창 37:23-24

나중에 형들의 이야기를 들어 보면 그때 요셉은 형들에게 구덩이에서 꺼내어 살려 달라고 애걸했던 것을 알 수 있습니다. 그런데도 그들은 요셉의 마음의 괴로움을 보고도 듣지 않았습니다.

그들이 서로 말하되 우리가 아우의 일로 말미암아 범죄하였도다 그가 우리에게 애걸할 때에 그 마음의 괴로움을 보고도 듣지 아니하였으므로 이 괴로움이 우리에게 임하도다 창 42:21

형들은 요셉을 구덩이에 던진 후에 음식을 먹었습니다

(창 37:25). 서로 낄낄대고 웃으며 음식을 먹은 것 같습니다. 제게 어떻게 그들이 낄낄대고 웃으며 음식을 먹은 것을 아느냐고 묻는다면 대답할 말이 없습니다. 하지만 조금만 상상해 보면 그들의 방자한 모습을 그려 볼 수 있습니다. 그때 받은 요셉의 고통과 두려움과 괴로움을 상상해 보십시오.

나중에 형들은 요셉을 구덩이에서 끌어 올려 은 이십에 이스마엘 사람들에게 팝니다(창 37:28). 요셉의 형들은 자신의 동생을 인신매매했습니다. 그것도 겨우 은 이십에 팔았습니다. 슬픈 일입니다. 요셉의 형들은 악합니다. 나쁩니다. 나중에는 요셉의 채색옷에 숫염소의 피를 적셔 아버지에게 보냅니다. 마치 악한 짐승이 그를 죽인 것처럼 속입니다. 야곱은 애통합니다.

아버지가 그것을 알아보고 이르되 내 아들의 옷이라 악한 짐승이 그를 잡아먹었도다 요셉이 분명히 찢겼도다 하고 자기 옷을 찢고 굵은 베로 허리를 묶고 오래도록 그의 아들을 위하여 애통하니 창 37:33-34

야곱이 말하는 "악한 짐승"이 누구를 뜻하는 것일까요? 바로 그의 아들들입니다. 요셉의 형들입니다. 사람이 악해지면 악한 짐승처럼 될 수 있습니다.

요셉은 좌절합니다. 요셉은 엄청난 상처를 받았습니다. 그는 상처투성이가 되어 애굽에 끌려갑니다. 하나님은 왜 요셉이 이토록 상처를 받고 고통을 받을 때 침묵하셨을까요? 왜 그가 상처를 받도록 가만두셨을까요? 왜 요셉의 형들을 내버려두셨을까요? 그 이유는 요셉의 삶에 상처가 필요한 까닭입니다. 깨어짐이 필요한 까닭입니다. 부서짐이 필요한 까닭입니다.

요셉이 보디발과 보디발의 아내에게 받은 상처보다 더 심각한 상처는 형들에게 받은 상처입니다. 하나님은 요셉에게 보디발의 집 일을 잊으라고 말씀하시지 않았습니다. "아버지의 온 집 일을 잊어버리라"라고 말씀하셨습니다(창 41:51).

우리가 받은 깊은 상처는 우리와 상관없는 사람들이 준 것이 아닙니다. 가장 가까운 부모와 형제와 자매와 친척들이 준 상처입니다. 가장 가까이에 있는 직장 동료가 준 상처입니다. 가장 가까이에 있는 사람들이 가장 깊은 상처를 줄 수 있습니다. 상처는 칼로 찌르는 것과 같습니다.

칼로 찌름같이 함부로 말하는 자가 있거니와 지혜로운 자의 혀는 양약과 같으니라 잠 12:18

칼로 찌르기 위해서는 가까이 다가가야 합니다. 멀리서는 칼로 찌를 수 없습니다. 멀리서는 상처를 줄 수 없습니다. 그래서 우리는 가까이 있는 사람들에게 잘해야 합니다. 가까이 있는 사람들에게 말할 때 조심해야 합니다. 그 이유는 가장 가까이 있는 사람들끼리 상처를 주고받기가 쉽기 때문입니다.

하나님은 왜 요셉이 이토록 고통스런 상처를 받게 하셨을까요? 저는 요셉이 받은 상처를 생각하면 그랜드 캐니언이 떠오릅니다. 그랜드 캐니언은 아름답습니다. 하지만 사실 그랜드 캐니언은 땅이 상처받아 푹 패인 것입니다. 그런데 수많은 사람이 그랜드 캐니언을 다녀와서 아름답다고 말합니다.

상처가 잘 치유되면 아름답습니다. 상처가 진주를 만듭니다. 상처가 클수록 아름답고 큰 진주를 만듭니다. 하나님은 상처가 필요하다는 것을 아십니다. 하나님은 상처를 통해 놀라운 일을 이루십니다. 하나님은 예수님을 상처 입은 치유자가 되게 하셨습니다.

앤 보스캠프는 그의 책에서 상처와 깨어짐의 역설적인 은혜에 대해 기록합니다.

하나님은 크게 상처받은 사람들을 통해 큰일을 행하신다. 하나님

은 부서진 자들을 최고로 여기시고 부서진 자들 안에서 최고의 것
을 발견하시며 마음이 부서진 자를 부르셔서 세상을 변화시키신다.

(앤 보스캠프, 《난 더 이상 상처에 속지 않는다》, 사랑플러스, 25-26쪽)

예수님은 망가진 사람에게 가장 매력을 느끼시며 부서진 자를 가장
아름답게 보신다. 그리고 하나님은 우리가 가장 못마땅하게 여기는
부분을 가장 원하신다. (앤 보스캠프, 같은 책, 60쪽)

상처를 통해 꿈꾸는 사람은 성장합니다. 고통을 통해 꿈
꾸는 사람은 성숙해집니다. 눈물을 통해 꿈꾸는 사람은 원숙
해집니다.

하나님은 용서를 통해
상처를 치유하십니다

하나님은 요셉의 아들 므낫세의 이름을 통해 그를 용서
의 사람으로 만드십니다. 앞서 언급했듯이 므낫세라는 이름
에는 '용서하고 잊으라'는 뜻이 내포되어 있습니다(창 41:51).
인간이 가진 가장 무서운 집착 중의 하나가 복수에 대한

집착입니다. 수많은 성공한 사람들이 복수에 대한 집착 때문에 망가집니다. 성공한 후에 더 악한 인간이 됩니다. 악을 악으로 갚으려다가 괴물이 됩니다. 그래서 하나님은 요셉에게 형들을 용서하라고 말씀하십니다. 용서한다는 것은 잊어 주는 것입니다.

물론, 어떻게 연약한 인간이 자신에게 상처를 준 사람을 잊을 수가 있겠습니까? 우리가 용서하고 잊어버린다는 것은 복수에 대한 집착을 내려놓는 것을 의미합니다. 상처의 악순환을 끊어 내는 것을 뜻합니다. 상처를 은혜의 통로로 만드는 것입니다. 상처를 복의 통로로 만드는 것입니다. 용서함으로 상처를 하나님께 맡기는 것입니다. 그때 놀라운 일이 전개됩니다.

요셉의 깨어짐이 하나님의 구원의 시작이 되었습니다. 요셉의 깨어진 상처를 통해 하나님의 은혜의 강이 흐르게 되었습니다. 하나님은 깨어진 사람을 통해 놀라운 일을 이루십니다. 하나님은 결코 상처를 낭비하지 않으십니다. 하나님은 상처를 통해 만민의 생명을 살리십니다.

중요한 것은 우리의 상처를 하나님께 맡기는 것입니다. 또한 상처를 준 사람들을 용서하는 것입니다. 상처는 용서를 통해 치유됩니다. 용서를 하는 사람과 용서를 받는 사람 모두 치유됩니다. 용서처럼 힘든 것은 없습니다. 또한 용서처럼 아름다운 것도 없습니다. 우리가 예수님을 믿는 것은 하나님의 용서 때문입니다. 우리는 모두 용서가 필요한 죄인입니다. 우리는 용서받은 죄인입니다. 용서를 받고 사랑을 받은 사람입니다. 그래서 우리는 용서의 삶을 살아야 합니다.

요셉은 형들을 용서합니다. 어떻게 그는 형들을 용서할 수 있었을까요?

하나님의 섭리를 깨달을 때
용서할 수 있습니다

요셉은 애굽에서 생활하면서 그의 고난 중에 함께하시는 하나님의 임재를 체험했습니다. 고난을 통해 그를 우뚝 세우시는 하나님의 손길을 경험했습니다. 가장 소중한 일, 즉 그의 고난을 통해 만민의 생명을 살리시려는 하나님의 섭리를 깨달은 것입니다. 요셉은 22년 만에 형들을 만났을 때 다음과 같이 말합니다.

요셉이 형들에게 이르되 내게로 가까이 오소서 그들이 가까이 가니 이르되 나는 당신들의 아우 요셉이니 당신들이 애굽에 판 자라 당신들이 나를 이곳에 팔았다고 해서 근심하지 마

소서 한탄하지 마소서 하나님이 생명을 구원하시려고 나를 당신들보다 먼저 보내셨나이다 창 45:4-5

요셉은 형들의 잘못을 분명히 말해 줍니다. 그리고 용서의 이유를 설명합니다. 그가 용서할 수밖에 없는 이유는 하나님의 섭리 때문입니다. 하나님이 생명을 구원하려고 그를 애굽에 보내셨다는 것입니다. 그를 애굽에 보낸 것은 그의 형들이 아니라 하나님이시라는 것입니다.

하나님이 큰 구원으로 당신들의 생명을 보존하고 당신들의 후손을 세상에 두시려고 나를 당신들보다 먼저 보내셨나니 그런즉 나를 이리로 보낸 이는 당신들이 아니요 하나님이시라 하나님이 나를 바로에게 아버지로 삼으시고 그 온 집의 주로 삼으시며 애굽 온 땅의 통치자로 삼으셨나이다 창 45:7-8

하나님의 은혜를 깨달을 때 용서할 수 있습니다

요셉은 애굽에 종으로 끌려갔지만, 하나님의 은혜가 그와 함께했습니다. 하나님은 그가 만난 낯선 사람들에게 은혜를 입게 하십니다. 하나님은 보디발을 통해 요셉에게 은혜를 베푸십니다.

> 요셉이 그의 주인에게 은혜를 입어 섬기매 그가 요셉을 가정 총무로 삼고 자기의 소유를 다 그의 손에 위탁하니 창 39:4

나중에 요셉이 억울한 누명을 쓰고 감옥에 갇혔을 때, 하나님은 그가 간수장에게 은혜를 입게 하십니다.

> 여호와께서 요셉과 함께하시고 그에게 인자를 더하사 간수장에게 은혜를 받게 하시매 창 39:21

하나님의 은혜는 낯선 사람을 통해 임합니다. 하나님의 은혜는 머무는 곳에서 맡겨진 일을 통해 임합니다. 요셉은 그에게 맡겨진 일을 통해 하나님의 은혜를 경험합니다. 하나님은 우리가 하는 일에 복을 주십니다. 하나님은 우리가 하는 일을 통해 복을 주십니다. 그러므로 주어진 일, 맡겨진 일을 소홀히 하지 마십시오. 최선을 다하십시오.

요셉은 그가 애굽의 국무총리가 된 것은 자신의 지혜나 노력 때문이 아니라 하나님의 은혜임을 강조합니다. 그는 거듭 "하나님이 하셨습니다"라고 말합니다.

하나님이 나를 바로에게 아버지로 삼으시고 그 온 집의 주로 삼으시며 애굽 온 땅의 통치자로 삼으셨나이다 … 하나님이 나를 애굽 전국의 주로 세우셨으니 창 45:8-9

용서는 과거의 상처를 내려놓고 하나님의 은혜를 붙잡는 것입니다. 용서는 우리를 과거에 묶고 있는 사슬을 끊습니다. 용서는 손에 든 복수의 돌을 내려놓는 것입니다. 용서는 고통의 짐을 내려놓고 하나님의 은혜를 선택하는 것입니다. 하나님의 은혜는 우리가 넘어졌을 때 다시 일어서게 하는 능력입니다.

하나님께 감사할 때
용서할 수 있습니다

요셉의 고백 속에 요셉의 감사가 담겨 있습니다. 감사란 받은 은혜를 받았다고 말하는 것입니다. 감사할 때 우리의 상처에 집중하는 것을 멈추고 치유하시는 하나님께 집중할 수 있습니다. 감사는 우리를 치유합니다. 감사는 기적을 창조합니다. 감사는 하나님의 섭리로 사건을 해석하게 만드는 능력입니다.

감사하는 마음만으로는 부족합니다. 감사를 표현하십시

오. 특별히 감사 일기가 감사하는 습관을 형성하는 데 큰 도움이 됩니다. 보스캠프는 고통 중에 살면서 천 개의 감사를 기록하기로 마음먹었습니다. 천 개의 감사를 천 개의 선물로 기록했습니다. 그녀는 감사를 기록하는 것의 유익을 다음과 같이 말합니다.

> 되돌아보니 날마다 감사 목록을 적는 습관은 하나님의 기쁨을 날마다 연습하는 방법이었다. … 은혜의 번호 붙이기는 생활의 자취를 남길 뿐 아니라 기쁨의 비밀을 열어 주는 열쇠이기도 하다. 기쁨은 '기독교인의 거대한 비밀'이다. 감사 안에 기쁨이 숨어 있다. (앤 보스캠프 《천 개의 선물》, 열림원, 129-130쪽)

요셉에게 배울 수 있는 것은 적응력입니다. 회복력입니다. 그는 머무는 곳에 잘 적응합니다. 적응력이 실력입니다. 적응력이 탁월한 사람이 초생존자가 됩니다. 요셉은 회복력이 탁월합니다. 회복력이란 넘어졌을 때 다시 일어서는 것입니다. 회복력이란 절망의 언덕에 거듭 희망의 집을 세우는 것입니다. 회복력은 용서할 때 강해집니다. 은혜를 찬양할 때 강해집니다. 감사할 때 강해집니다.

가장 힘든 때는 고통이 엄습해 올 때입니다. 문제가 한꺼

번에 몰려올 때입니다. 진정한 감사는 좋은 일만 나열하는 것이 아닙니다. 진정한 감사는 고난과 역경 속에 담긴 하나님의 계획을 신뢰하는 것입니다. 아직 고통이 끝나지 않았더라도 하나님이 고통 중에 선한 목적을 이루고 계시다는 것을 신뢰하는 것입니다. 범사에 감사하는 사람은 고난 속에서도 의도적으로 감사할 것을 찾아내어 감사합니다.

지속적으로 용서해야
진정으로 용서할 수 있습니다

아버지 야곱이 죽은 후에 형들이 요셉을 찾아옵니다. 그 이유는 아버지가 죽은 후에 요셉이 그들에게 복수할지 모른다는 두려움 때문입니다. 그래서 그들은 거짓말을 합니다.

요셉에게 말을 전하여 이르되 당신의 아버지가 돌아가시기 전에 명령하여 이르시기를 너희는 이같이 요셉에게 이르라 네 형들이 네게 악을 행하였을지라도 이제 바라건대 그들의 허물과 죄를 용서하라 하셨나니 당신 아버지의 하나님의 종들인 우리 죄를 이제 용서하소서 하매 요셉이 그들이 그에게 하는 말을 들을 때에 울었더라 창 50:16-17

요셉은 형들의 거짓말을 듣고 웁니다. 요셉은 왜 울었을까요? 그의 용서를 신뢰하지 못하는 형들이 안타까워서 울었습니다. 요셉은 형들에게 용서를 확인시켜 줍니다.

당신들은 두려워하지 마소서 내가 당신들과 당신들의 자녀를 기르리이다 하고 그들을 간곡한 말로 위로하였더라
창 50:21

용서는 한 번으로 끝나는 것이 아니라 반복되어야 합니다. 하나님의 용서는 반복됩니다.

요셉은 성숙한 사람입니다. 그는 어릴 적에 형들의 잘못을 아버지에게 고했던 사람입니다. 형들의 잘못을 들추어내어 고자질했던 사람입니다. 그런데 이제 형들의 죄를 용서합니다. 그들의 죄를 덮어 줍니다. 성숙한 사람은 용서하고 잊어버립니다. 그 이유는 은혜는 항상 미래를 향해 전진한다는 것을 알기 때문입니다. 용서는 성숙의 표시입니다.

하나님은 용서를 통해
풍성한 은혜를 베푸십니다

하나님은 요셉의 용서를 통해 그를 번영케 하십니다. 하나님은 그의 아들 에브라임의 이름 속에 용서의 복을 담아 두셨습니다.

차남의 이름을 에브라임이라 하였으니 하나님이 나를 내가 수고한 땅에서 번성하게 하셨다 함이었더라 창41:52

요셉은 용서를 통해 수고한 땅에서 수고한 것이 번성하는 경험을 합니다. 용서할 때 하나님의 은혜가 풍성하게 임합니다. 하나님이 도와주지 않으시면 수고해도 소용이 없습니다.

여호와께서 집을 세우지 아니하시면 세우는 자의 수고가 헛되며 여호와께서 성을 지키지 아니하시면 파수꾼의 깨어 있음이 헛되도다 너희가 일찍이 일어나고 늦게 누우며 수고의 떡을 먹음이 헛되도다 시127:1-2

수고가 헛될 때 허망합니다. 반면에 수고한 것이 번성할 때 기쁨이 충만합니다. 요셉은 하나님이 도와주심으로 수고한 것이 번영하는 경험을 했습니다. 하나님이 도와주시면, 하나님은 우리의 상처 조각으로 아름다운 인생을 만들어 주십니다. 하나님이 도와주시면, 하나님은 우리가 인생 역전의 드라마를 경험하게 하십니다.

하나님은 비극적인 가정에서 아름다운 드라마를 만드십니다. 하나님은 우리의 상처와 눈물과 고통을 낭비하지 않으시고 선용하십니다. 하나님은 우리가 고난을 통해 만민의 생명을 구원하는 일을 하게 하십니다.

용서하고 화해한다고 해서 꼭 같이 살아야 하는 것은 아닙니다. 꼭 함께 일해야 하는 것은 아닙니다. 하지만 하나님은 용서하기를 원하십니다. 화해하기를 원하십니다. 용서와 화해를 통해 진정한 자유를 누릴 수 있고 풍성한 삶을 살 수 있기 때문입니다.

요셉은 예수님의 모형 중에 하나입니다. 요셉은 은 이십에 팔렸지만, 예수님은 은 삼십에 팔리셨습니다. 요셉은 형들에게 상처를 받았습니다. 예수님은 제자들에게 상처를 받으셨습니다. 자기 백성들에게 상처를 받으셨습니다. 하지만 예수님은 용서하셨습니다. 용서를 통해 만민의 생명을 구원하는 길을 열어 주셨습니다. 하나님의 은혜를 입어 요셉처럼, 예수님처럼 용서의 사람이 되기를 바랍니다.

묵상 질문

1 여전히 기억하는 삶의 상처가 있습니까? 그 상처를 하나님
  께 맡기고 잊게 하시는 은혜를 구해 본 적이 있습니까?

2 감사는 상처를 치유하는 힘이 있다고 했습니다. 나는 고통
  속에서도 감사를 표현하고 기록하고 있습니까?

3 하나님의 섭리를 믿는다는 것은 지금 내 삶의 아픔도 의미
  가 있다는 것을 믿는 것입니다. 나는 이 믿음 위에 서 있습
  니까? 아니면 여전히 설명을 구하고 있습니까?

"하나님이
우리를 용서하셨기에,
우리는 서로를 용서할 수 있는
능력을 갖는다."

_ 팀 켈러

3
배려와 섬김

수 14:6-15

섬김, 하나님이 위대하게 여기시는 성품

배려한다는 것은 섬김을 의미합니다. 섬김은 아름답습니다. 섬김은 빛납니다. 섬기는 사람을 볼 때 우리는 감동을 받습니다. 감탄합니다. 힘찬 박수를 보냅니다. 하지만 섬김은 결코 쉬운 것이 아닙니다. 섬기는 것은 종의 모습을 하는 것입니다. 예수님은 하나님의 아들이십니다. 하나님이십니다. 그런데 종의 형체를 입고 이 땅에 오셨습니다.

오히려 자기를 비워 종의 형체를 가지사 사람들과 같이 되셨고 빌 2:7

성경은 예수님이 하나님의 아들이심을 증거합니다. 또한 예수님을 "종"이라고 표현합니다.

하나님이 그의 종 예수를 영화롭게 하셨느니라 행 3:13
표적과 기사가 거룩한 종 예수의 이름으로 이루어지게 하옵소서 하더라 행 4:30

바울은 자신을 사도라고 말합니다. 하지만 동시에 예수

님의 "종"이라고 말합니다.

예수 그리스도의 종 바울은 사도로 부르심을 받아 하나님의
복음을 위하여 택정함을 입었으니 롬 1:1

헬라어로 "종"은 '둘로스'(δοῦλος, doulos)입니다. 영어로
'servant'(종) 또는 'slave'(노예)라는 뜻입니다. '둘로스'의 의미
는 첫째, 주인에게 철저히 헌신한다는 뜻입니다. 둘째, 주인
을 사랑함으로 자원해서 헌신한다는 뜻입니다. 셋째, 주인의
완전한 소유가 된 존재라는 뜻입니다. 종의 모든 삶은 주인의
소유입니다. 종은 자신의 권리가 없습니다. 오직 주인의 소유
로서 주인의 뜻을 위해 삽니다.

예수님과 바울의 생애를 묵상해 보십시오. 우리는 예수
님도 바울도 얼마나 철저히 섬기는 삶을 살았는지 깨닫게 됩
니다.

구약에서 섬김의 모범을 보인 인물이 있습니다. 갈렙
입니다. 저는 갈렙을 좋아합니다. 갈렙이란 이름의 뜻은
'개'(dog) 또는 '충성된 자'입니다. 가끔 어떤 사람을 비난할 때
"개만도 못하다"는 표현을 씁니다. 그 말은 개가 들으면 아주
기분 나쁜 말입니다. 개는 충성됩니다. 충성된 반려견은 주인

을 사랑합니다. 주인에게 헌신합니다. 주인의 가족에게까지 헌신합니다. 언제나 주인을 기쁘게 합니다. 그런데 사람은 그렇지 못합니다. 변덕스럽습니다. 불순종합니다. 반역합니다. 불충성합니다.

갈렙은 충성된 반려견처럼 충성된 삶을 살았습니다. 자원함으로 헌신해서 섬기는 종의 모습을 가지고 살았습니다. 갈렙은 섬김에 탁월한 사람입니다. 그런 까닭에 우리는 갈렙이란 이름을 들으면 감동하게 됩니다.

갈렙은 여호수아와 함께 모세를 섬겼습니다. 하나님은 모세가 죽은 후에 갈렙이 아닌 여호수아를 지도자로 세우십니다. 갈렙은 여전히 이인자로 여호수아를 섬깁니다. 무대 뒤에서 여호수아를 섬깁니다. 그는 진정한 영웅입니다. 그는 진정한 지도자입니다.

하나님은 무대 뒤에 선 영웅을 사랑하십니다

갈렙은 무대 뒤에 선 영웅입니다. 그는 모세를 40년 동안 빛나게 만들었습니다. 그리고 또다시 여호수아를 빛나게 만듭니다. 그는 철저히 이인자의 삶을 살았습니다. 섬기는 삶을 살았습니다. 오직 하나님의 눈길을 의식했습니다. 오직 하나님의 뜻에 헌신했습니다. 오직 이스라엘, 민족 공동체를 위해 희생했습니다.

토마스 칼라일(Thomas Carlyle)은 "참된 영웅적인 지도자가 존재하기 위해서는 수많은 작은 영웅들이 있어야만 한다"라고 말했습니다. 어떤 지도자도 스스로 훌륭한 지도자가 될 수 없음을 알아야 합니다. 역사의 무대에 서서 빛을 발하는 지도자들이 있습니다. 그들은 자신들이 빛을 발하기까지 수많은 사람이 함께 그들을 돕고 있음을 알고 있습니다. 그런 까닭에 우리는 무대 뒤에 선 작은 영웅들을 기억해야 합니다.

오스왈드 샌더스(Oswald Sanders)는 "오늘의 모든 영적 지도자는 아마도 한때 두 번째 자리에서 기쁘고 충성스럽게 일을 함으로 그의 겸손함을 나타냈던 사람들일 것이다"라고 말했습니다. 중국 선교사 로버트 모리슨(Robert Morrison)은 다음과 같은 말을 남겼습니다. "내가 생각하기로, 우리 선교회에서 가장 커다란 잘못은 아무도 둘째가 되려고 하지 않는다는 것이다. 그러나 나는 그들에게서 뛰어나게 탁월한 점들을 아무것도 찾아볼 수가 없었다."

하나님은 무대 뒤에 선 사람을 지켜보십니다. 무대 뒤에 자신을 드러내지 않고 섬기는 사람을 지켜보십니다. 하나님이 쓰시는 탁월한 지도자는 한때 무대 뒤에서 섬기는 훈련을 통해 준비되었습니다.

섬기는 자가 아름답습니다

갈렙은 모세와 여호수아를 섬겼습니다. 그의 섬김의 뿌리는 하나님을 섬김에 있습니다. 그는 유다 지파에 속한 사람입니다.

그때에 유다 자손이 길갈에 있는 여호수아에게 나아오고 그니스 사람 여분네의 아들 갈렙이 여호수아에게 말하되 여호와께서 가데스 바네아에서 나와 당신에게 대하여 하나님의 사람 모세에게 이르신 일을 당신이 아시는 바라 수 14:6

갈렙과 여호수아는 한때 동역자였습니다. 모세가 키운 두 제자였습니다. 그런데 갈렙은 지금 이스라엘의 지도자가 된 여호수아에게 와서 모세가 한 말을 상기시키고 있습니다. 성경은 여호수아를 "모세의 수종자"라고 기록합니다.

여호와의 종 모세가 죽은 후에 여호와께서 모세의 수종자 눈의 아들 여호수아에게 말씀하여 이르시되 수1:1

"수종자"는 돕는 사람입니다. 섬기는 사람입니다. 충성스럽게 헌신하는 사람입니다. "시종"이라는 말로 번역하기도 합니다. 보좌관이라고 표현할 수 있습니다. 여호수아는 40년 동안 모세의 수종자로 살았습니다. 그 과정에서 그는 모세의 리더십을 배웠습니다. 오랜 기간 섬김의 훈련을 받았습니다.

그런데 여호수아만 모세의 수종을 든 것이 아닙니다. 모세의 수종을 든 사람은 여호수아와 갈렙입니다. 성경을 보면 여호수아보다 갈렙이 먼저 등장합니다.

모세는 열두 명의 정탐꾼을 가나안 땅에 보냈습니다. 정탐꾼 가운데 열 명은 부정적인 보고를 했습니다. 그중에 여호수아와 갈렙 두 명만 긍정적인 보고를 했습니다. 그들은 하나님을 신뢰하는 마음으로 보고했습니다. 세상에는 부정적인 사람이 긍정적인 사람보다 많습니다. 하지만 세상을 이끄는 사람은 긍정적인 사람입니다. 믿음의 사람입니다.

열 명의 정탐꾼은 온 이스라엘 백성을 향해 가나안 땅을 악평했습니다(민 13:32). 또한 그들은 온 이스라엘 백성이 하나님과 모세를 원망하게 만들었습니다. 하나님은 원망을 싫어

하십니다. 열 명의 정탐꾼은 자신들만 원망한 것이 아니라 온 이스라엘 백성이 원망하게 만들었습니다. 정탐꾼들의 원망하는 말을 들은 이스라엘 백성의 반응을 보십시오.

> 온 회중이 소리를 높여 부르짖으며 백성이 밤새도록 통곡하였더라 이스라엘 자손이 다 모세와 아론을 원망하며 온 회중이 그들에게 이르되 우리가 애굽 땅에서 죽었거나 이 광야에서 죽었으면 좋았을 것을 민14:1-2

반면에 갈렙과 여호수아는 가나안 땅을 하나님의 안목으로 정탐했습니다. 젖과 꿀이 흐르는 땅이라고 보고했습니다.

> 그 땅을 정탐한 자 중 눈의 아들 여호수아와 여분네의 아들 갈렙이 자기들의 옷을 찢고 이스라엘 자손의 온 회중에게 말하여 이르되 우리가 두루 다니며 정탐한 땅은 심히 아름다운 땅이라 여호와께서 우리를 기뻐하시면 우리를 그 땅으로 인도하여 들이시고 그 땅을 우리에게 주시리라 이는 과연 젖과 꿀이 흐르는 땅이니라 민14:6-8

이 사건 후에 하나님이 먼저 칭찬하신 사람이 바로 갈렙입니다.

그러나 내 종 갈렙은 그 마음이 그들과 달라서 나를 온전히 따랐은즉 그가 갔던 땅으로 내가 그를 인도하여 들이리니 그의 자손이 그 땅을 차지하리라 민 14:24

하나님이 이름을 말씀하실 때도 갈렙이 먼저 불립니다.

여분네의 아들 갈렙과 눈의 아들 여호수아 외에는 내가 맹세하여 너희에게 살게 하리라 한 땅에 결단코 들어가지 못하리라 민 14:30

하나님은 "내 종 갈렙은 그 마음이 그들과 달라서 나를 온전히 따랐은즉"이라며 갈렙의 마음을 칭찬하십니다. 영어 성경은 갈렙이 "다른 영"을 가졌다고 번역하고 있습니다.

my servant Caleb has a different spirit and follows me wholeheartedly NIV

하나님이 칭찬하신 갈렙의 마음은 어떤 마음일까요?

하나님은 성실한 마음을
기뻐하십니다

갈렙의 마음은 성실한 마음입니다. 가장 아름다운 성품은 성실한 성품입니다. 성실한 성품은 아름다운 성품들을 하나로 연결해 주는 성품입니다. 갈렙은 가나안 땅을 정탐하고 돌아왔을 때 성실한 마음으로 모세에게 보고했습니다.

> 내 나이 사십 세에 여호와의 종 모세가 가데스 바네아에서 나를 보내어 이 땅을 정탐하게 하였으므로 내가 성실한 마음으로 그에게 보고하였고 수14:7

사건보다 중요한 것은 사건에 대한 해석입니다. 사건보다 중요한 것은 사건에 대한 반응입니다. 사건보다 중요한 것은 사건에 대한 보고입니다. 열 명의 정탐꾼은 보고를 잘못해서 패망했습니다. 반면에 여호수아와 갈렙은 보고를 잘했습니다. 일을 잘하는 사람은 보고를 잘합니다. 갈렙은 성실한 마음으로 모세에게 보고했습니다.

하나님은 성실한 마음을 좋아하십니다. 성실한 마음은 진실한 마음입니다. 정직한 마음입니다. 한결같은 마음입니다. 하나님과 사람에게 신뢰를 받는 사람은 성실한 사람입니다. 성실은 하나님의 성품입니다.

여호와의 인자와 긍휼이 무궁하시므로 우리가 진멸되지 아니함이니이다 이것들이 아침마다 새로우니 주의 성실하심이 크시도소이다 애 3:22-23

하나님은 충성된 마음을 기뻐하십니다

갈렙의 마음은 충성된 마음입니다. 그는 먼저 하나님께 충성했습니다(수 14:8-9). 또한 모세와 여호수아에게 충성했습니다.

'충성'이란 단어는 요즈음 잊힌 단어가 되었습니다. 우리는 잊힌 충성이란 단어를 회복해야 합니다. 저는 충성이란 한자의 뜻을 좋아합니다. '충성'(忠誠)은 마음에 말씀을 품고, 정성을 다해 그 말씀을 이루는 것입니다. '충'(忠)은 '충성 충' 자입니다. 이 단어는 '마음 심'(心)과 '가운데 중'(中)으로 되어 있습니다. 또한 '성'(誠)은 '정성 성'입니다. 이 단어는 '말씀 언'(言)에 '이룰 성'(成)으로 되어 있습니다. 이 단어에는 '정성', '순수한 마음', '공경'이란 뜻이 포함되어 있습니다. 충성이란 하나님의 말씀을 마음 중심에 두고 정성을 다해 이루는 것입니다.

하나님은 신뢰하는 마음을
기뻐하십니다

갈렙은 하나님을 신뢰했습니다. 그는 믿음의 사람이었습니다. 그는 하나님을 신뢰하는 믿음의 사람이었습니다. 그는 하나님을 온전히 좇았습니다.

나와 함께 올라갔던 내 형제들은 백성의 간담을 녹게 하였으나 나는 나의 하나님 여호와를 온전히 좇았으므로

수 14:8, 개역한글

하나님을 신뢰하는 사람은 하나님의 약속을 신뢰합니다. 갈렙은 모세를 통해 주신 하나님의 약속을 신뢰했습니다.

그날에 여호와께서 말씀하신 이 산지를 내게 주소서 … 내가 필경 여호와의 말씀하신 대로 그들을 좇아내리이다

수 14:12, 개역한글

갈렙은 하나님이 모세를 통해 그에게 주신 약속의 말씀을 기억하고 있습니다. 갈렙은 이제 85세가 되었습니다. 하지만 그는 40세에 들었던 하나님의 약속의 말씀을 기억하고 있

습니다. 신뢰하고 있습니다.

갈렙의 위대한 점은 하나님의 선택을 신뢰한 것입니다. 그는 하나님의 약속만 신뢰한 것이 아닙니다. 하나님의 섭리를 신뢰했습니다. 하나님의 선택을 신뢰했습니다. 하나님이 여호수아를 모세의 후계자로 선택하셨을 때 하나님의 선택에 순종했습니다. 하나님의 선택을 온전히 신뢰했습니다.

하나님은 순종하는 마음을 기뻐하십니다

하나님은 갈렙의 순종을 칭찬하십니다. 충성과 함께 '순종'도 요즈음 잊혀 가는 단어입니다. 순종은 축복받는 비결입니다. 순종은 사랑받는 비결입니다. 순종은 구속의 비결입니다. 갈렙은 하나님께 온전히 순종했습니다.

오직 여분네의 아들 갈렙은 온전히 여호와께 순종하였은즉 그는 그것을 볼 것이요 그가 밟은 땅을 내가 그와 그의 자손에게 주리라 하시고 신 1:36

하나님은 우리 마음을 보십니다. 우리 중심을 보십니다. 우리 마음의 성실을 보십니다. 충성을 보십니다. 순종을 보십니다. 하나님은 순종하는 사람에게 복을 주십니다. 하나님은 순종하는 사람을 존귀케 하십니다. 순종하는 사람을 사용하십니다.

하나님은 겸손한 마음을 기뻐하십니다

갈렙은 겸손한 사람입니다. 그는 한때 여호수아를 앞섰던 지도자입니다. 그런데 하나님은 모세가 죽은 후에 갈렙이 아닌 여호수아를 지도자로 세우셨습니다. 하지만 갈렙은 하나님이 모세의 후계자로 여호수아를 세우실 때 불만을 갖지 않았습니다. 그를 시기하지 않았습니다. 질투하지 않았습니다. 겸손히 하나님의 뜻을 받아들였습니다. 겸손히 여호수아를 섬겼습니다. 가나안 정복의 과업을 위해 여호수아와 함께 끝까지 헌신했습니다.

겸손은 자기 위치를 아는 것입니다. 겸손은 자기 위치를 끝까지 지키는 것입니다. 겸손은 자기에게 주어진 역할에 충성하는 것입니다. 겸손은 자신에게 주어진 역할에 감사하는 것입니다.

갈렙은 여호수아가 일인자가 되자 한결같은 겸손으로 여호수아를 섬깁니다. 여호수아를 세워 줍니다. 여호수아와 갈렙은 함께 가나안 땅을 정복했습니다. 이제 가나안 땅을 정복한 후에 가나안 땅을 분배하는 중에 있습니다. 갈렙은 분배의 끝자락에 여호수아에게 나아가서 "이 산지를 내게 주소서"라고 간구합니다. 갈렙은 겸손하게 여호수아에게 나아가서 간구합니다.

> 그때에 유다 자손이 길갈에 있는 여호수아에게 나아오고 그니스 사람 여분네의 아들 갈렙이 여호수아에게 말하되 … 그날에 여호와께서 말씀하신 이 산지를 지금 내게 주소서
>
> 수 14:6, 12

사실 갈렙 같은 위치면 스스로 자신이 원하는 땅을 취할 수 있었을 것입니다. 하지만 그는 겸손히 여호수아에게 나아가서 하나님이 말씀하신 산지를 내게 달라고 간구합니다. 그 말을 듣고 여호수아가 허락합니다.

> 여호수아가 여분네의 아들 갈렙을 위하여 축복하고 헤브론을 그에게 주어 기업을 삼게 하매 헤브론이 그니스 사람 여분네의 아들 갈렙의 기업이 되어 오늘까지 이르렀으니 이는 그가 이스라엘의 하나님 여호와를 온전히 좇았음이라 수 14:13-14

하나님은 용맹스런 마음을
기뻐하십니다

갈렙은 겸손한 사람입니다. 하지만 그는 용맹스런 사람입니다. 그의 용기와 그의 용맹은 하나님을 아는 지식에서 나왔습니다.

오직 자기의 하나님을 아는 백성은 강하여 용맹을 떨치리라
단 11:32

갈렙의 용맹은 하나님을 신뢰하는 마음에서 나왔습니다. 그의 용맹은 하나님과의 동행 의식에서 나왔습니다. 그는 하나님과 동행했습니다. 하나님의 동행하심을 믿었습니다. 가나안 땅을 정탐하고 보고할 때 그는 믿음의 보고를 했습니다.

갈렙이 모세 앞에서 백성을 조용하게 하고 이르되 우리가 곧 올라가서 그 땅을 취하자 능히 이기리라 하나 민 13:30
그 땅 백성을 두려워하지 말라 그들은 우리의 먹이라 그들의 보호자는 그들에게서 떠났고 여호와는 우리와 함께하시느니라 그들을 두려워하지 말라 민 14:9

갈렙이 85세에 여호수아에게 요구했던 땅은 산지입니다. 산지는 정복하기 어려운 땅입니다. 그는 평지가 아닌 산지를 정복하기 원했습니다.

이제 보소서 여호와께서 이 말씀을 모세에게 이르신 때로부터 이스라엘이 광야에서 방황한 이 사십오 년 동안을 여호와께서 말씀하신 대로 나를 생존하게 하셨나이다 오늘 내가 팔십오 세로되 모세가 나를 보내던 날과 같이 오늘도 내가 여전히 강건하니 내 힘이 그때나 지금이나 같아서 싸움에나 출입에 감당할 수 있으니 그날에 여호와께서 말씀하신 이 산지를 지금 내게 주소서 수 14:10-12

그 땅에는 거인들이 살고 있었습니다. 그런데 갈렙은 그 거인들과 싸워 승리합니다. 그는 거인을 정복한 영적인 거인입니다. 아르바에 살고 있던 사람들은 가나안 땅에 살고 있던 거인들 가운데에서 가장 큰 거인들이었습니다. 성경은 "아낙 사람 가운데에서 가장 큰 사람이었더라"라고 말합니다(수 14:15). 갈렙은 바로 가장 큰 거인을 정복했습니다.

성숙한 배려는
지속적인 섬김에 있습니다

한 번의 섬김, 몇 번의 섬김은 누구나 가능합니다. 하지만 지속적인 섬김은 쉽지 않습니다. 저는 가장 아름다운 결실의 비결은 지속함에 있다고 확신합니다. 꾸준함이 능력입니다. 끈기가 실력입니다. 무슨 일이든 끝까지 완수하는 사람에게는 끈기가 있습니다. 저는 초심과 항상심과 향상심을 소중히 여깁니다. 하지만 사명을 완수하기 위해서는 뒷심이 있어야 합니다. 지속적으로 섬기기 위해서는 뒷심이 있어야 합니다. 뒷심이 있어야 시작한 일을 완수할 수 있습니다.

아름다운 결실의 비결은 지속하는 힘에 있습니다. 눈부신 끈기에 있습니다. 이것은 성경의 증언입니다. 역사의 증언입니다. 제가 살아온 경험을 통해 증언할 수 있습니다. 여호수아는 모세를 40년 동안 섬겼습니다. 그의 수종자로, 그의 시종으로 40년을 섬겼습니다. 그런데 갈렙은 더욱 놀랍습니다. 모세가 죽은 후에도 겸손하게 여호수아를 끝까지 섬깁니다. 정말 대단한 인물입니다. 정말 큰 인물입니다.

위대함은 지속적인 섬김에 있습니다. 예수님의 섬김은 끝까지 복종하신 섬김입니다.

사람의 모양으로 나타나사 자기를 낮추시고 죽기까지 복종
하셨으니 곧 십자가에 죽으심이라 빌 2:8

초심이 중요합니다. 그 이유는 하나님이 초심을 소중히
여기시기 때문입니다. 초심을 잃지 말아야 합니다. 초심을 가
꿀 줄 알아야 합니다. 초심은 사명에 집중하는 마음입니다. 초
심은 오직 하나님의 눈길에 초점을 맞춘 마음입니다. 초심을
잃으면 질투하게 됩니다. 시기하게 됩니다. 원망하게 됩니다.
반면에 초심을 잘 가꾸면 사명에 집중하게 됩니다. 자족하게
됩니다. 범사에 감사하게 됩니다.

갈렙은 하나님의 뜻을 이루기 위해 여호수아를 도왔습니
다. 갈렙은 자신이 일인자가 되는 데 관심이 없었습니다. 오직
사명 완수에 집중했습니다. 존 맥스웰(John Maxwell)은 "이인자
의 역할은 리더가 조직의 사명을 완수하도록 돕는 것이다"라
고 말했습니다.

갈렙은 여호수아의 지도력을 인정했습니다. 그의 위치
를 인정했습니다. 갈렙은 여호수아를 도와 함께 하나님의 사
명을 완수했습니다. 그는 자신이 유명해지는 데 관심이 없었
습니다. 섬김에 대한 보상을 받는 데 관심이 없었습니다. 오직
하나님의 뜻을 이루는 데 집중했습니다. 그에게 주어진 사명

을 완수하는 데 집중했습니다.

미국의 제33대 대통령인 해리 트루먼(Harry Truman)은 "누가 공을 차지하는지 상관하지 않으면 놀라운 일을 해낼 수 있다"라고 말했습니다. 우리가 무슨 일을 이루었든 그 공은 하나님께 돌려야 합니다. 스스로 공치사(功致辭)를 하는 것은 미숙한 것입니다. 어리석은 것입니다. 갈렙은 공을 탐내지 않았습니다. 공에 관심이 없었습니다. 그래서 그는 지속적인 섬김을 통해 하나님의 뜻을 이룰 수 있었습니다.

하나님은 지속적인 섬김에
놀라운 복을 허락해 주십니다

섬김은 순수할수록 좋습니다. 아무 보상도 기대하지 않고 순수하게 섬기는 것이 좋습니다. 그런데 성경을 보면, 아무 보상을 기대하지 않은 섬김에 더 놀라운 복이 임하는 것을 보게 됩니다. 또한 어떤 섬김은 오랜 세월이 지난 다음에 더욱 빛을 발합니다. 갈렙은 나중에 자녀의 복을 받습니다. 훌륭한 사위를 만납니다. 딸을 복되게 합니다.

갈렙의 아우 그나스의 아들인 옷니엘이 그것을 점령함으로 갈렙이 자기 딸 악사를 그에게 아내로 주었더라 악사가 출가할 때에 그에게 청하여 자기 아버지에게 밭을 구하자 하고 나귀에서 내리매 갈렙이 그에게 묻되 네가 무엇을 원하느냐 하니 이르되 내게 복을 주소서 아버지께서 나를 네겝 땅으로 보내시오니 샘물도 내게 주소서 하매 갈렙이 윗샘과 아랫샘을 그에게 주었더라 수 15:17-19

갈렙의 딸이 아버지에게 구한 것은 샘물입니다. 아버지는 딸이 구한 것보다 더 많은 샘을 선물해 줍니다(수 15:19). 아버지는 딸에게 필요한 것을 압니다. 딸을 배려해서 딸이 구한 것보다 더 많은 것을 선물해 줍니다.

하나님이 갈렙에게 베푸신 보상은 몇 세대 후에 더욱 크게 나타납니다. 여호수아는 에브라임 지파입니다. 곧 요셉의 후예입니다. 하나님은 지혜로우십니다. 가나안 정복을 위해서는 요셉 지파가 필요하다는 것을 아셨습니다. 히브리 민족이 출애굽할 당시에 요셉은 영웅이었습니다. 요셉 때문에 애굽에 왔습니다. 요셉 때문에 큰 민족을 이루었습니다. 그런 까닭에 요셉의 아들 에브라임의 영향력이 컸습니다. 또한 에브라임 지파에서 나온 여호수아의 영향력은 강력했습니다. 그래서 하나님은 먼저 여호수아를 세우셨습니다.

그런데 세월이 지난 후에 에브라임 지파보다 유다 지파가 앞서게 됩니다. 갈렙은 유다 지파입니다. 갈렙은 헤브론을 정복했습니다. 헤브론은 다윗이 왕이 되었을 때 유다 나라의 수도가 되었습니다.

> 그 후에 다윗이 여호와께 여쭈어 아뢰되 내가 유다 한 성읍으로 올라가리이까 여호와께서 이르시되 올라가라 다윗이 아뢰되 어디로 가리이까 이르시되 헤브론으로 갈지니라
>
> 삼하 2:1

헤브론은 다윗 왕국의 첫 통치의 중심지가 됩니다. 다윗 왕국의 출발점이 됩니다. 하나님은 갈렙의 헌신이 한 개인의 승리로 끝나게 하지 않으십니다. 하나님은 갈렙의 헌신과 충성이 이스라엘 역사 속에서 중요한 역할을 하도록 복을 주십니다.

헌신은 다음 세대 그리고 여러 세대에 걸쳐 축복이 됩니다. 하나님의 복은 한 세대에서 끝나는 것이 아닙니다. 여러 세대에 걸쳐 전수됩니다. 우리의 헌신이 작게 보일지 모르지만, 하나님은 나중에 그 작은 헌신에 큰 복을 내려 주십니다.

갈렙이 헤브론을 정복한 것이 작게 보일 수 있습니다. 하지만 그것이 다윗 왕국의 초석이 되었습니다. 또한 하나님은 다윗을 통해 예수님이 태어나게 하셨습니다.

우리는 갈렙을 통해 이인자의 삶을 사신 예수님을 만납니다. 예수님은 모든 영광을 하나님 아버지께 돌리셨습니다. 또한 하나님 아버지의 뜻을 이루는 데 헌신하셨습니다. 어떤 보상도 바라지 않고 헌신하셨습니다. 섬기셨습니다.

인자가 온 것은 섬김을 받으려 함이 아니라 도리어 섬기려 하고 자기 목숨을 많은 사람의 대속물로 주려 함이니라 막10:45

예수님의 정체성 중에 하나가 '종'입니다. 예수님은 고난 받는 종이셨습니다. 우리는 하나님의 자녀입니다. 또한 그리스도의 종입니다. 이 역설적이면서 이중적인 정체성을 깨달을 때 우리는 갈렙처럼, 그리고 예수님처럼 살 수 있습니다. 하나님은 이인자의 삶을 사신 예수님을 나중에 높여 주십니다.

이러므로 하나님이 그를 지극히 높여 모든 이름 위에 뛰어난 이름을 주사 하늘에 있는 자들과 땅에 있는 자들과 땅 아래에 있는 자들로 모든 무릎을 예수의 이름에 꿇게 하시고 빌2:9-10

순수한 섬김, 지속적인 섬김이 중요합니다. 그것은 인간의 노력만 가지고 되는 것이 아닙니다. 성령 충만해야 합니다. 여호수아만 성령 충만한 사람이 아니라 갈렙도 성령 충만한 사람입니다. 하나님이 "내 종 갈렙은 그 마음이 그들과 달라서"(민 14:24)라고 말씀하셨습니다. 갈렙의 성품을 묵상해 보십시오. 그는 정말 성령 충만한 사람입니다. 그래서 성령의 열매가 풍성합니다. 섬김을 통해 하나님의 영광을 드러냅니다.

하나님은 우리의 섬김을 결코 가볍게 여기지 않으십니다. 지속적인 배려와 지속적인 용서와 지속적인 섬김을 소중히 여기십니다. 때가 되면 반드시 보상해 주십니다. 때가 되면 우리 자녀들과 후손들에게 보상해 주실 것입니다.

교회 안에는 여호수아보다 갈렙 같은 이들이 많습니다. 정말 보석 같은 분들입니다. 갈렙처럼 섬기는 한 분 한 분에게 하나님의 풍성한 복이 함께하길 기도합니다.

묵상 질문

1 나는 섬김을 부담으로 느낍니까, 특권으로 여깁니까? 예수
  님의 종으로 부르심 받은 자로서 기꺼이 섬기고 있습니까?

2 나는 하나님의 선택과 섭리를 온전히 신뢰하고 있습니까?
  원하던 자리가 아니더라도 하나님의 뜻이라면 감사로 받
  을 수 있습니까?

3 지속적인 섬김을 위해 어떤 영적 연료를 공급받고 있습니
  까? 섬김이 지쳐 갈 때, 나는 무엇으로 다시 회복합니까?

*"Every Christian is
a royal priest —
but that royalty is
shown in servanthood."*

"모든 그리스도인은
왕 같은 제사장이지만,
그 왕은
섬기는 왕입니다."

_ 찰스 스펄전

4

배려와 사랑

롯 2:1-16

배려, 비극을 희극으로 바꾸는 힘

룻기는 비극으로 시작합니다. 베들레헴에 흉년이 들었습니다. 엘리멜렉과 그 가족이 베들레헴을 떠나 모압으로 이주했습니다. 모압에 이주한 후 엘리멜렉이 죽습니다. 그 후에 두 아들을 결혼시켰습니다. 그런데 두 아들도 죽습니다.

나오미의 남편 엘리멜렉이 죽고 나오미와 그의 두 아들이 남았으며 그들은 모압 여자 중에서 그들의 아내를 맞이하였는데 하나의 이름은 오르바요 하나의 이름은 룻이더라 그들이 거기에 거주한 지 십 년쯤에 말론과 기룐 두 사람이 다 죽고 그 여인은 두 아들과 남편의 뒤에 남았더라 룻 1:3-5

비극입니다. 남편이 죽은 것보다 더 가슴 아픈 일은 자녀가 죽는 것이라고 합니다. 자녀를 낳아 키워 본 분들은 이해를 할 것입니다. 나오미는 남편이 죽고 두 아들이 죽은 후에 두 며느리에게 배려하는 사랑을 베풉니다. 나오미의 배려는 자기를 떠나 고향으로 돌아가 새 남편을 만나 행복하게 살라는 것입니다(룻 1:8).

나오미는 훌륭한 시어머니입니다. 그들은 함께 웁니다.

함께 슬퍼합니다(룻 1:9). 두 며느리 중에 오르바는 시어머니를 떠나 고향으로 돌아갑니다. 룻은 시어머니를 공경하기 위해 시어머니를 쫓아갑니다. 룻의 사랑은 시어머니를 배려하는 사랑입니다.

> 룻이 이르되 내게 어머니를 떠나며 어머니를 따르지 말고 돌아가라 강권하지 마옵소서 어머니께서 가시는 곳에 나도 가고 어머니께서 머무시는 곳에서 나도 머물겠나이다 어머니의 백성이 나의 백성이 되고 어머니의 하나님이 나의 하나님이 되시리니 어머니께서 죽으시는 곳에서 나도 죽어 거기 묻힐 것이라 만일 내가 죽는 일 외에 어머니를 떠나면 여호와께서 내게 벌을 내리시고 더 내리시기를 원하나이다 하는지라 룻 1:16-17

시어머니의 배려와 며느리의 배려가 아름답습니다.

나오미와 룻은 베들레헴으로 돌아옵니다. 나오미는 그녀의 생애에 찾아온 비극에 대해 베들레헴 사람들에게 이렇게 말합니다.

> 나오미가 그들에게 이르되 나를 나오미라 부르지 말고 나를 마라라 부르라 이는 전능자가 나를 심히 괴롭게 하셨음이니

라 내가 풍족하게 나갔더니 여호와께서 내게 비어 돌아오게
하셨느니라 여호와께서 나를 징벌하셨고 전능자가 나를 괴
롭게 하셨거늘 너희가 어찌 나를 나오미라 부르느냐 하니라

룻 1:20-21

룻기 1장만 읽으면 비극입니다. 그런데 아직 결론을 내리
기엔 이릅니다. 야구 선수 요기 베라(Yogi Berra)의 말처럼, 끝나
기 전까지 끝난 것이 아닙니다. 하나님은 비극을 희극으로 바
꾸어 주십니다.

배려는 사랑입니다

어떻게 비극이 희극이 될 수 있을까요? 그 비밀은 배려하
는 사랑 안에 있습니다. 룻은 시어머니를 공궤하기 위해 이삭
을 주우러 나갑니다. 룻은 모압 여인입니다. 이스라엘 사람들
은 모압 사람과는 상종하지 않습니다.

암몬 사람과 모압 사람은 여호와의 총회에 들어오지 못하
니 그들에게 속한 자는 십 대뿐 아니라 영원히 여호와의 총회

에 들어오지 못하리라 신 23:3

    모압 여인이 이삭을 주우러 나가는 것은 위험한 일입니다. 룻은 젊은 과부입니다. 하지만 시어머니를 위해 이삭을 주우러 나갑니다(룻 2:2).

    룻은 시어머니를 공궤하기 위해 모험합니다. 이삭을 주우러 나갑니다. 최선을 다해 이삭을 줍습니다. 룻은 그곳에서 보아스를 만납니다. 룻기 2장을 읽어 보면, 보아스는 룻에 대한 좋은 소문을 들은 것이 분명합니다. 보아스는 룻이 자기 밭에서 이삭 줍는 것을 보고 룻을 보호해 줍니다. 보아스는 배려의 사람입니다. 배려는 배려를 낳습니다. 배려의 사람은 배려의 사람을 만납니다. 우리는 보아스를 통해 배려하는 사랑을 배웁니다.

배려하는 사랑은
관심에서 시작됩니다

    사랑은 관심입니다. 관심을 가지면 보입니다. 작은 것도 점점 크게 보입니다. 전에 보지 못했던 것을 보게 됩니다. 보아스는 사환에게 룻에 관해 묻습니다.

보아스가 베는 자들을 거느린 사환에게 이르되 이는 누구의
소녀냐 하니 베는 자를 거느린 사환이 대답하여 이르되 이는
나오미와 함께 모압 지방에서 돌아온 모압 소녀인데 그의 말
이 나로 베는 자를 따라 단 사이에서 이삭을 줍게 하소서 하였
고 아침부터 와서는 잠시 집에서 쉰 외에 지금까지 계속하는
중이니이다 룻 2:5-7

우리는 누군가에게 관심을 갖게 되면 그 대상에 대해 알
고 싶습니다. 보아스는 룻이 모압에서 온 소녀라는 것을 알게
됩니다. 문맥을 살펴보면 보아스는 이미 룻에 대해 알고 있습
니다. 그는 소문으로 들었던 모압 여인 룻을 직접 눈으로 보
고 만나게 된 것입니다.

배려하는 사랑은
보호하는 사랑입니다

보아스가 룻에게 베풀어 준 배려의 사랑은 보호하는 사
랑입니다. 누군가를 사랑하면 그 상대를 보호하고 싶은 본능
이 자극을 받습니다.

보아스가 룻에게 이르되 내 딸아 들으라 이삭을 주우러 다른

밭으로 가지 말며 여기서 떠나지 말고 나의 소녀들과 함께 있으라 그들이 베는 밭을 보고 그들을 따르라 내가 그 소년들에게 명령하여 너를 건드리지 말라 하였느니라 룻 2:8-9

당시는 여성을 존귀히 여기는 문화가 아니었습니다. 그런 문화 속에서 이방 여인들은 차별을 당했습니다. 무시와 멸시를 당했습니다. 남자들은 폭력을 행사했습니다. 심지어 이방 여인들에게 성폭행까지 할 정도였습니다. 보아스는 그런 상황을 알기에 소년들에게 룻을 건드리지 말라고 한 것입니다.

배려하는 사랑은
필요를 채워 주는 사랑입니다

보아스가 룻에게 베풀어 준 배려의 사랑은 필요를 채워 주는 사랑입니다. 룻이 소년들이 길어 온 물을 마시도록 도와줍니다.

목이 마르거든 그릇에 가서 소년들이 길어 온 것을 마실지니라 하는지라 룻 2:9

물과 곡식은 생존을 위해 반드시 필요합니다. 보아스는

이삭을 주울 때 목이 마르다는 사실을 알고 있습니다. 작은 배려입니다. 하지만 겸손한 룻은 그 작은 배려를 소중히 여깁니다. 룻은 감격합니다. 보아스가 베풀어 준 은혜에 대해 감사를 표현합니다. 보아스의 배려에 감사합니다.

> 룻이 엎드려 얼굴을 땅에 대고 절하며 그에게 이르되 나는 이방 여인이거늘 당신이 어찌하여 내게 은혜를 베푸시며 나를 돌보시나이까 하니 룻 2:10

룻의 자세를 보십시오. 얼굴을 땅에 대고 절합니다. 겸손합니다. 또한 룻은 자신의 정체성을 분명히 알고 있습니다. 그녀는 자신이 이방 여인이라고 말합니다. 보아스의 배려는 과분한 배려이며 은혜임을 알고 있습니다. 그녀는 감사하는 마음만 가지고 있었던 것이 아니라 감사를 표현했습니다. 감사하는 마음을 품는 것만으로 귀중합니다. 하지만 감사를 표현할 때 더욱 놀라운 일이 전개됩니다. 표현의 능력을 알아야 합니다. 감사를 표현할 때 더욱 큰 은혜가 임합니다.

배려하는 사랑은
상대방이 잘한 것을 인정해 주는 사랑입니다

보아스의 배려는 예술의 경지입니다. 그의 배려는 잘한 것을 인정해 주는 배려입니다. 칭찬해 주는 배려입니다. 보아스는 룻이 시어머니를 공경한 것을 칭찬해 줍니다. 룻의 좋은 성품을 인정해 줍니다. 룻이 시어머니를 존중한 성품, 시어머니를 위해 헌신한 성품을 인정해 줍니다.

보아스가 그에게 대답하여 이르되 네 남편이 죽은 후로 네가 시어머니에게 행한 모든 것과 네 부모와 고국을 떠나 전에 알지 못하던 백성에게로 온 일이 내게 분명히 알려졌느니라 여호와께서 네가 행한 일에 보답하시기를 원하며 룻 2:11-12

룻이 행한 일은 착한 일입니다. 룻이 행한 일은 그녀의 성품을 드러낸 일입니다. 룻이 행한 일은 그녀의 성품의 열매입니다. 가장 좋은 칭찬은 성품을 칭찬해 주는 것입니다. 우리가 받을 수 있는 최상의 칭찬은 성품에 대한 칭찬입니다.

보아스는 룻의 성품과 함께 룻의 신앙에 대해서도 칭찬합니다.

여호와께서 네가 행한 일에 보답하시기를 원하며 이스라엘의 하나님 여호와께서 그의 날개 아래에 보호를 받으러 온 네게 온전한 상 주시기를 원하노라 하는지라 룻 2:12

룻은 시어머니의 하나님을 믿었습니다. 시어머니의 하나님이 그녀를 보호해 주실 것을 믿었습니다. 보아스는 룻에게 복을 빌어 줍니다. 축복이란 남이 잘되기를 바라는 것입니다. 남이 잘될 것이라고 미리 말해 주는 것입니다. 보아스는 하나님이 룻이 행한 일에 보답해 주시고 온전한 상을 주시기를 원한다고 복을 빌어 주었습니다.

"온전한 상"은 정말 놀라운 표현입니다. 보통 상이 아닙니다. 온전한 상입니다. '온전한'이란 단어는 히브리어로 '샬렘'입니다. '샬렘'은 '샬롬'(평강)과 어원이 같습니다. 이 단어는 '결핍이나 불완전함이 없이 충만하고 부족함이 없다'는 뜻입니다. 보아스는 룻의 선한 행실을 하나님이 풍성하게 보답해 주실 것이라고 축복합니다. 좋은 성품에 대해 칭찬받는 것은 기쁜 일입니다. 또한 좋은 신앙에 대해 칭찬받는 것도 기쁜 일입니다.

룻은 보아스의 칭찬과 인정에 위로를 받습니다. 더욱 감격합니다. 감사를 반복해서 표현합니다.

룻이 이르되 내 주여 내가 당신께 은혜 입기를 원하나이다 나는 당신의 하녀 중의 하나와도 같지 못하오나 당신이 이 하녀를 위로하시고 마음을 기쁘게 하는 말씀을 하셨나이다 하니라 룻 2:13

룻이 반복해서 감사를 표현했을 때 더욱 놀라운 일이 전개됩니다. 감사할 때 더욱 큰 복이 임합니다. 감사할 때 기적을 경험하게 됩니다. 이것은 기적입니다. 모압 여인이 보아스의 식탁에 초대받은 것입니다(룻 2:14). 룻이 보아스의 식탁에 초대받은 것은 가볍게 생각할 일이 아닙니다. 모든 사람이 룻이 보아스와 함께 식사하는 모습을 봅니다. 보아스는 그 당시에 가장 고급 음식을 제공해 줍니다. 떡입니다. 초에 찍어 떡을 먹게 합니다. 볶은 곡식을 줍니다.

룻은 보아스가 말한 "온전한 상"을 맛보기 시작합니다. 하나님께 받을 온전한 사랑이 보아스를 통해 주어집니다. "룻이 배불리 먹고 남았더라"(룻 2:14). 식탁으로의 초대는 단순히 음식을 제공받는 것 이상의 의미가 있습니다. 식탁으로의 초대는 친밀한 교제로의 초대입니다. 보아스가 룻을 식탁에 초대하는 것을 보면서 두 사람의 사랑의 예고편을 보게 됩니다.

배려는 상대방의 자존심을 지켜 주며 돕는 사랑의 예술입니다

보아스의 배려 가운데 제 가슴에 깊이 새겨진 배려가 있습니다. 룻의 자존심을 지켜 주며 도와준 것입니다. 배려 가운데 은밀한 배려가 있습니다. 자신을 드러내지 않는 배려가 있습니다.

> 룻이 이삭을 주우러 일어날 때에 보아스가 자기 소년들에게 명령하여 이르되 그에게 곡식 단 사이에서 줍게 하고 책망하지 말며 또 그를 위하여 곡식 다발에서 조금씩 뽑아 버려서 그에게 줍게 하고 꾸짖지 말라 하니라 룻 2:15-16

룻이 이삭을 가능한 많이 주울 수 있도록 소년들에게 곡식 다발에서 조금씩 뽑아 버리라고 이야기하는 보아스의 배려를 보십시오. 이 배려를 통해 보아스가 룻을 얼마나 존중하고 아끼는지를 알 수 있습니다.

섬기는 것도 예술입니다. 섬길 때도 신중하게 섬겨야 합니다. 다른 사람의 인격을 배려하면서 섬겨야 합니다. 받는 사람을 불편하게 만드는 섬김이 있습니다. 가장 아름다운 배려는 상대방이 불편하지 않도록 섬기는 것입니다. 가장 아름다운 배려는 은밀한 섬김을 통해 드러납니다. 가장 아름다운 배려는 깊은 사랑과 존중을 반영합니다.

작은 배려가 더 큰 배려로 이어집니다

작은 것 속에는 놀라운 잠재력이 담겨 있습니다. 작은 씨앗 속에 거대한 나무가 담겨 있습니다. 작은 씨앗 속에 거대한 숲이 담겨 있습니다. 보아스가 룻에게 베푼 작은 배려 속에 풍성한 배려의 씨앗이 담겨 있습니다. 배려는 또 다른 배려를 낳습니다. 배려의 씨앗을 심으면 배려의 열매를 풍성하게 맺게 됩니다. 배려의 씨앗을 심고 기다릴 줄 알아야 합니다. 가장 아름다운 배려는 지속적인 배려입니다.

룻은 이삭을 주운 후에 시어머니에게 돌아와서 그날 일어난 일을 알려 줍니다.

시어머니가 그에게 이르되 오늘 어디서 주웠느냐 어디서 일을 하였느냐 너를 돌본 자에게 복이 있기를 원하노라 하니 룻이 누구에게서 일했는지를 시어머니에게 알게 하여 이르되 오늘 일하게 한 사람의 이름은 보아스니이다 하는지라 룻 2:19

롯이 시어머니에게 베푼 배려는 궁금한 정보를 자세히 알려 주는 것입니다. 그녀는 자신이 이삭을 주운 곳이 보아스의 밭이라고 말합니다. 나오미는 롯에게 보아스가 어떤 사람인지를 알려 줍니다. 롯은 자신이 제공한 배려를 통해 놀라운 정보를 얻게 됩니다.

나오미가 자기 며느리에게 이르되 그가 여호와로부터 복 받기를 원하노라 그가 살아 있는 자와 죽은 자에게 은혜 베풀기를 그치지 아니하도다 하고 나오미가 또 그에게 이르되 그 사람은 우리와 가까우니 우리 기업을 무를 자 중의 하나이니라 하니라 롯 2:20

"기업을 무를 자"는 가족의 유산과 가문을 지키고 보호하는 중요한 법적 책임을 가진 사람입니다. 남편이 죽고 또한 자녀가 없거나 죽었을 때는 친족 가운데 한 사람이 기업을 무를 자가 될 수 있습니다. 그래서 가족의 대를 이어 주고 가족의 기업을 책임집니다. 보아스가 바로 나오미와 롯의 인생을 역전시킬 수 있는 인물이었습니다.

롯은 시어머니에게 보아스에게 들은 남은 이야기를 전합니다. 그때 시어머니가 롯에게 조언을 해 줍니다.

모압 여인 룻이 이르되 그가 내게 또 이르기를 내 추수를 다
마치기까지 너는 내 소년들에게 가까이 있으라 하더이다 하
니 나오미가 며느리 룻에게 이르되 내 딸아 너는 그의 소녀들
과 함께 나가고 다른 밭에서 사람을 만나지 아니하는 것이 좋
으니라 하는지라 룻 2:21-22

룻은 시어머니의 조언에 순종합니다. 룻기 3장에 가면 시
어머니인 나오미의 배려가 다시 나옵니다. 룻기 1장에서의
나오미의 배려는 두 며느리에게 각각 고향으로 돌아가 새 남
편을 만나라고 하는 배려였습니다. 3장에서 나오미가 한 배
려는 룻을 위해 남편감을 선택하고 결혼의 길을 열어 주는 것
입니다.

룻의 시어머니 나오미가 그에게 이르되 내 딸아 내가 너를 위
하여 안식할 곳을 구하여 너를 복되게 하여야 하지 않겠느냐
네가 함께하던 하녀들을 둔 보아스는 우리의 친족이 아니냐
보라 그가 오늘 밤에 타작 마당에서 보리를 까불리라 룻 3:1-2

이 말씀에 나오는 "안식할 곳"은 남편을 의미합니다. 시
어머니는 룻을 복되게 하기 원합니다. 그래서 보아스와의 만

남을 주선합니다. 나오미는 며느리에게 앞으로 어떻게 행동해야 할지 알려 줍니다.

> 그런즉 너는 목욕하고 기름을 바르고 의복을 입고 타작 마당에 내려가서 그 사람이 먹고 마시기를 다 하기까지는 그에게 보이지 말고 그가 누울 때에 너는 그가 눕는 곳을 알았다가 들어가서 그의 발치 이불을 들고 거기 누우라 그가 네 할 일을 네게 알게 하리라 하니 룻이 시어머니에게 이르되 어머니의 말씀대로 내가 다 행하리이다 하니라 룻 3:3-5

나오미는 룻을 위해 보아스에 대한 모든 정보를 수집합니다. 보아스가 무엇을 하고 언제 자리에 누울지도 알았습니다. 나오미는 룻에게 보아스를 만나면 무슨 말을 하며 어떻게 행동할지를 자세히, 구체적으로 알려 줍니다. 나오미는 룻에게 청혼하는 법을 가르쳐 줍니다.

보아스를 만난 룻이 청혼을 합니다.

> 보아스가 먹고 마시고 마음이 즐거워 가서 곡식 단 더미의 끝에 눕는지라 룻이 가만히 가서 그의 발치 이불을 들고 거기 누웠더라 밤중에 그가 놀라 몸을 돌이켜 본즉 한 여인이 자기 발

치에 누워 있는지라 이르되 네가 누구냐 하니 대답하되 나는
당신의 여종 룻이오니 당신의 옷자락을 펴 당신의 여종을 덮으
소서 이는 당신이 기업을 무를 자가 됨이니이다 하니 룻 3:7-9

보아스는 룻의 청혼을 받고 그녀를 칭찬합니다. 보아스
가 룻에게 한 칭찬은 정말 최고의 칭찬입니다.

그가 이르되 내 딸아 여호와께서 네게 복 주시기를 원하노라
네가 가난하건 부하건 젊은 자를 따르지 아니하였으니 네가
베푼 인애가 처음보다 나중이 더하도다 그리고 이제 내 딸아
두려워하지 말라 내가 네 말대로 네게 다 행하리라 네가 현숙
한 여자인 줄을 나의 성읍 백성이 다 아느니라 룻 3:10-11

보아스는 룻에게 현숙한 여자라고 칭찬합니다. 더욱 놀라
운 칭찬은 보아스 자신만 그렇게 생각하는 것이 아니라 성읍
백성이 다 안다고 칭찬한 것입니다(룻 3:11). 지속적인 배려가
아름다운 열매를 맺습니다.

보아스는 룻의 청혼을 받아들이지만 친족 기업 무를 자
가운데 자기보다 더 가까운 사람이 있다는 사실을 알려 줍니
다. 그 사람이 기업 무를 자의 책임을 이행하지 않으면 룻과

결혼하겠다고 약속합니다. 그리고 룻이 자기를 만나러 온 것을 사람들이 알아보지 못할 때까지 누워 있도록 배려합니다.

> 룻이 새벽까지 그의 발치에 누웠다가 사람이 서로 알아보기 어려울 때에 일어났으니 보아스가 말하기를 여인이 타작 마당에 들어온 것을 사람이 알지 못하여야 할 것이라 하였음이라 룻 3:14

보아스의 배려를 보십시오. 룻이 현숙하지 못한 여인으로 소문이 나지 않도록 룻을 보호합니다. 보아스의 배려는 계속됩니다. 룻에게 시어머니를 공궤할 수 있도록 보리를 여섯 번 되어 지워 줍니다.

> 보아스가 이르되 네 겉옷을 가져다가 그것을 펴서 잡으라 하매 그것을 펴서 잡으니 보리를 여섯 번 되어 룻에게 지워 주고 성읍으로 들어가니라 룻이 시어머니에게 가니 그가 이르되 내 딸아 어떻게 되었느냐 하니 룻이 그 사람이 자기에게 행한 것을 다 알리고 이르되 그가 내게 이 보리를 여섯 번 되어 주며 이르기를 빈손으로 네 시어머니에게 가지 말라 하더이다 하니라 룻 3:15-17

깊은 배려는 가족까지 생각해 주는 배려입니다. 보아스가 룻에게 보리를 여섯 번 되어 준 배려는 풍성한 사랑의 배려입니다. 이 말씀은 빈손으로 베들레헴에 돌아온 나오미의 삶에 이제 풍족함이 다시 시작되었음을 암시합니다.

하나님은 배려를 통해
구속의 드라마를 전개하십니다

마침내 보아스와 룻은 결혼합니다. 보아스는 이방 여인인 기생 라합의 아들입니다. 그래서 모압 여인 룻의 고통을 더 잘 이해했을 것입니다. 보아스는 어머니가 하나님을 믿고 살몬과 결혼해서 자신을 낳은 것을 압니다. 하지만 사람들의 눈에 자기 어머니는 여전히 기생이었습니다. 가나안 여인이었습니다. 그 꼬리표가 붙어 있었습니다. 바로 그 차별과 그 고통을 보아스는 압니다. 그래서 룻을 만났을 때 어머니를 생각하며 더욱 긍휼히 여길 수 있었습니다.

두 사람의 결혼을 통해 비극은 희극으로 바뀝니다. 하나님이 도와주신 것입니다. 하나님이 은혜를 베풀어 주신 것입니다.

이에 보아스가 룻을 맞이하여 아내로 삼고 그에게 들어갔더니 여호와께서 그에게 임신하게 하시므로 그가 아들을 낳은지라 여인들이 나오미에게 이르되 찬송할지로다 여호와께서 오늘 네게 기업 무를 자가 없게 하지 아니하셨도다 이 아이의 이름이 이스라엘 중에 유명하게 되기를 원하노라 이는 네 생명의 회복자이며 네 노년의 봉양자라 곧 너를 사랑하며 일곱 아들보다 귀한 네 며느리가 낳은 자로다 하니라 나오미가 아기를 받아 품에 품고 그의 양육자가 되니 그의 이웃 여인들이 그에게 이름을 지어 주되 나오미에게 아들이 태어났다 하여 그의 이름을 오벳이라 하였는데 그는 다윗의 아버지인 이새의 아버지였더라 룻 4:13-17

룻기는 사랑의 드라마입니다. 배려의 드라마입니다. 인생 역전의 드라마입니다. 선교의 드라마입니다. 무엇보다 룻기는 구속의 드라마입니다. 룻기의 이야기는 예수님의 탄생까지 연결됩니다. 오벳은 다윗의 할아버지입니다.

살몬은 보아스를 낳았고 보아스는 오벳을 낳았고 오벳은 이새를 낳고 이새는 다윗을 낳았더라 룻 4:21-22

룻의 이름이 예수님의 족보에 등장합니다.

살몬은 라합에게서 보아스를 낳고 보아스는 룻에게서 오
벳을 낳고 오벳은 이새를 낳고 이새는 다윗왕을 낳으니라
마 1:5-6

예수님은 룻의 후손인 다윗의 후손으로 이 땅에 오셨습
니다.

비극은 슬픈 일입니다. 하지만 비극적인 사건이 인생의
끝이 아닙니다. 어쩌면 새로운 시작일 수 있습니다. 새로운 시
작을 위해 하나님을 의지해야 합니다. 하나님의 은혜를 사모
해야 합니다. 그리고 배려하는 사랑을 베풀어야 합니다. 배려
하는 사랑을 받아야 합니다.

나오미와 룻과 보아스는 모두 배려의 사람입니다. 서로
배려하는 사랑을 통해 비극이 희극으로 변화되었습니다. 또한
인류 구원의 길이 열렸습니다. 하나님은 지금도 역전의 드라
마를 쓰고 계십니다. 전능하신 하나님은 비극을 희극으로 바
꾸실 수 있습니다. 하나님은 배려의 사랑을 통해 새로운 역사
를 창조하십니다. 우리가 할 일은 배려의 사랑을 주고받는 것
입니다. 배려의 사랑을 통해 인생 역전을 경험하길 바랍니다.

묵상 질문

1 타인의 고통과 약함을 어떻게 바라보고 있습니까? 모압 여인을 품은 보아스처럼 포용적인 시선을 갖고 있습니까?

2 최근에 배려의 사랑을 실천한 경험이 있습니까?

3 작은 친절과 관심이 누군가의 삶을 바꾸는 힘이 된 경험이 있습니까? 지금 내 주변에 그런 배려가 필요한 사람은 누구입니까?

우리가 받은 사랑의 증거는
배려로 나타난다.

_ 디트리히 본회퍼

"The proof of received love
is shown through care."

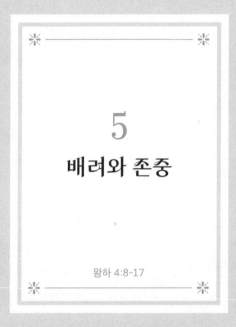

5

배려와 존중

왕하 4:8-17

존중, 하나님이 귀히 여기시는 성품

제가 가장 소중히 여기는 성품 중의 하나가 존중입니다. 존중은 천국의 문화입니다. 아름다운 관계의 비밀입니다. 수넴 여인은 존중의 덕을 겸비한 여인입니다. 하나님은 엘리사를 섬긴 수넴 여인을 가리켜 "귀한 여인"이라고 표현하십니다.

> 하루는 엘리사가 수넴에 이르렀더니 거기에 한 귀한 여인이 그를 간권하여 음식을 먹게 하였으므로 엘리사가 그곳을 지날 때마다 음식을 먹으러 그리로 들어갔더라 왕하 4:8

엘리사는 주로 갈멜산에 머물렀습니다. 그러던 어느 날 엘리사는 수넴에 이르렀다가 수넴 여인을 만납니다. 수넴 여인은 간권하여 엘리사에게 음식을 접대합니다. '간권(懇勸)하다'란 '간절히 권하다'라는 뜻입니다. '간'이란 한자는 '정성 간'(懇) 자로 '정성, 성심, 간절하다'는 뜻입니다. 이 한자를 자세히 살펴보면 '마음 심'(心)이 담겨 있습니다. '권'은 '권할 권'(勸)입니다. 이 한자에는 '힘 력'(力)이 담겨 있습니다. 수넴 여인은 성심으로 권해서 엘리사에게 음식을 접대했습니다. 힘써 권해서 음식을 접대했습니다. 수넴 여인은 엘리사를 배려해서 음식을 접대했습니다. 자원해서 접대했으며, 정성을 다해 접대했습니다.

성경이 수넴 여인을 "귀한 여인"이라고 기록한 이유가 무엇일까요? 엘리사를 귀한 사람이라고 표현한 것이 아니라 수넴 여인을 귀한 여인이라고 표현합니다. "귀한 여인"은 '물질적으로 부유하다'는 뜻을 내포하고 있지만 '인격적으로 훌륭하다'는 의미이기도 합니다. "귀한 여인"은 히브리어로 '이샤 게돌라'라고 합니다. 이 단어는 "위대한 여인", "존경받는 여인"으로 번역할 수 있습니다. "고상한 여인"으로 번역할 수도 있습니다.

하나님이 왜 수넴 여인을 이토록 칭찬하시는 것일까요? 성경에 왜 수넴 여인을 기록해 놓으시고 수많은 사람의 사랑을 받게 만드신 것일까요? 수넴 여인의 배려하는 성품 때문입니다. 엘리사 선지자를 존중한 성품 때문입니다. 우리는 수넴 여인을 통해 배려하는 사랑, 존중하는 사랑을 배웁니다.

배려는 상대의 필요를 채워 줍니다

배려는 만나는 사람의 필요를 살피는 데서 시작됩니다.

수넴 여인은 엘리사가 갈멜산에서 내려와 수넴에 이르면 음식이 필요하다는 것을 알았습니다. 엘리사는 그의 사환인 게하시와 동행했습니다. 수넴 여인은 엘리사를 관찰하는 중에 음식이 필요하다는 것을 알았고, 그래서 음식을 간권하여 접대했습니다. 어떻게 수넴 여인은 엘리사에게 음식이 필요하다는 것을 알았을까요? 그것은 자세히 관찰했기 때문입니다.

사람들의 필요를 알아차리는 것은 사랑의 예술이며, 섬김의 예술입니다. 사람들이 원하는 것과 사람들이 필요로 하는 것을 알아차리는 사람은 지혜로운 사람입니다. 사람들이 원하는 것보다 더 분별하기 어려운 것은 사람들이 필요로 하는 것입니다. 사람들이 원하는 것은 쉽게 눈에 띕니다. 반면에 사람들이 필요로 하는 것은 쉽게 눈에 띄지 않습니다. 많은 사람이 자신이 원하는 것은 알지만 자신이 필요로 하는 것은 잘 모릅니다. 탁월한 사람은 사람들이 원하는 것을 줄 뿐만 아니라 사람들이 필요로 하는 것을 줍니다. 또한 사람들이 필요한 것을 원하게 만듭니다.

네 명의 친구가 예수님께 중풍 병자를 데리고 옵니다. 중풍 병자가 원한 것은 중풍병을 고치는 것입니다. 그런데 예수님은 그가 원하는 것보다 그에게 필요한 것을 먼저 주십니다. 그것은 죄 사함입니다. 예수님은 중풍 병자에게 필요한 죄의 문제를 해결해 주십니다. 그 후에 그가 원하는 중풍병을 고쳐 주십니다.

> 예수께서 그들의 믿음을 보시고 중풍 병자에게 이르시되 작은 자야 네 죄 사함을 받았느니라 하시니 막 2:5

베드로와 요한이 성전에 기도하러 갑니다. 그들은 성전 미문에서 구걸하는 나면서 못 걷게 된 사람을 만납니다. 그 사람은 베드로와 요한에게 돈을 원합니다. 하지만 베드로와 요한은 그에게 필요한 것을 줍니다. 그것은 걷는 것입니다.

> 베드로가 이르되 은과 금은 내게 없거니와 내게 있는 이것을 네게 주노니 나사렛 예수 그리스도의 이름으로 일어나 걸으라 하고 행 3:6

그에게 걷는 것보다 더욱 필요한 것이 있었습니다. 그것은 예수 그리스도의 이름입니다. 그에게는 예수님이 필요했습니다. 나면서 못 걷게 된 사람은 예수님을 만나면서 인생이 완전히 변화되었습니다.

수넴 여인은 엘리사의 실질적인 필요를 알았습니다. 그

것은 음식입니다. 수넴 여인이 음식을 준비해서 섬길 때, 엘리사는 수넴 여인의 진심을 보았습니다. 성심을 보았습니다. 자원하는 마음을 보았습니다. 존중하는 마음으로 섬기는 것을 보았습니다. 엘리사가 불편하지 않게 섬기는 것을 보았습니다. 그래서 엘리사는 수넴에 이를 때마다 수넴 여인의 집에서 식사를 했습니다.

배려는 환대입니다. 환대란 진심으로 환영하는 것입니다. 환대란 기쁨으로 환영하는 것입니다. '환대'(歡待)는 '기뻐할 환'(歡)과 '기다릴 대'(待)의 합성어입니다. '환'은 '기뻐하다', '기쁘게 하다', '기쁨', '즐거움'이란 뜻입니다. '대'는 '기다리다', '갖추다', '대비하다'라는 뜻입니다. 환대란 기쁨으로 준비하며 기다리는 것입니다. 환대란 기쁨으로 준비해서 맞이하는 것입니다.

엘리사가 만약 환대받지 않았다면 수넴을 지날 때마다 음식을 먹으러 수넴 여인의 집에 들어갔을 리가 없습니다. "지날 때마다"(왕하 4:8)라는 단어를 주목해 보십시오. 환대가 거듭되었습니다. 하지만 그 환대의 따뜻함과 열정이 식지 않았습니다. 사람에게는 모두 눈치라는 것이 있습니다. 상대가 진심으로 환대하는지, 환대하는 체하는지 알아차릴 수 있습니다.

아름다운 배려는 지속적인 배려입니다. 수넴 여인의 배려는 더욱 깊어집니다. 엘리사에게 음식과 함께 필요한 것이 있음을 알아차립니다. 그것은 엘리사가 머물 방이었습니다. 그래서 남편에게 엘리사를 위해 작은 방을 만들자고 의논합니다.

여인이 그의 남편에게 이르되 항상 우리를 지나가는 이 사람은 하나님의 거룩한 사람인 줄을 내가 아노니 청하건대 우리가 그를 위하여 작은 방을 담 위에 만들고 침상과 책상과 의자와 촛대를 두사이다 그가 우리에게 이르면 거기에 머물리이다 하였더라 왕하 4:9-10

지속적인 배려는 지속적인 관찰을 통해 가능합니다. 수넴 여인은 관찰하는 중에 깨달았습니다. 관찰하며 숙고하는 중에 깨달았습니다. 엘리사에게 필요한 것은 음식만이 아니라 쉴 수 있는 작은 방이라는 것을 알았습니다. 또한 방 안에 침상과 책상과 의자와 촛대가 필요하다는 것을 알았습니다.

배려하기 위해서는 숙고할 줄 알아야 합니다. 배려는 숙고의 예술입니다. 숙고란 깊이 생각하는 것입니다. 수넴 여인은 자신을 위해서가 아니라 엘리사의 필요를 채워 주기 위해 숙고했습니다. 숙고란 말은 아름다운 말입니다. '숙고'(熟考)란 '익을 숙'(熟)과 '상고할 고'(考)의 합성어입니다. 숙고란 생각이 무르익은 것입니다. 깊이 생각하고 상세히 생각한 것입니다. 곰곰이 생각하고, 곰곰이 살피는 것입니다. 세심하게 조사해 보는 것입니다.

저는 한때 무슨 일이 있으면 "기도해 보겠습니다"라는 표현을 쓰곤 했습니다. 요즈음은 "기도해 보겠습니다"라는 표현보다 "숙고해 보겠습니다"라는 표현을 더 즐겨 씁니다. 기도해 보겠다고 말한 후에 자신이 내린 어떤 결정을 하나님의 뜻이라고 우기는 것은 위험합니다. 어떤 결정에 대한 책임을 하나님께 돌리는 것은 위험합니다. 그런 위험한 경험과 실수를 하는 중에 기도는 중요하지만 숙고라는 표현을 쓰는 것이 좋겠다는 생각을 했습니다. 숙고한 후의 선택에 대한 책임을 저 스스로가 감당하겠다는 생각 때문이었습니다.

엘리사는 수넴 여인이 자신의 필요를 채워 주기 위해 숙고한 것을 알았습니다. 그녀의 배려가 세심한 배려임을 알았습니다.

네가 이같이 우리를 위하여 세심한 배려를 하는도다 왕하 4:13

개역한글에는 "네가 이같이 우리를 위하여 생각이 주밀하도다"라고 기록되어 있습니다. 우리에게 필요한 것은 깊이 생각하는 훈련입니다. 세심한 배려를 하기 위해서는 생각을 주밀하게 할 수 있어야 합니다. 생각한다는 것은 아름다운 일입니다. 그것도 누군가를 배려하기 위해 깊이 생각한다는 것은 정말 아름다운 일입니다.

그리스도의 제자는 생각을 깊이 하는 사람입니다. 생각을 깊이 하기 위해서는 성경을 읽고 암송하고 묵상해야 합니다. 생각을 깊이 하기 위해서는 독서를 해야 합니다. 배워야 합니다. 한 말씀, 한 주제를 끈질기게 물고 늘어지면서 깊이 생각하는 훈련을 해야 합니다. 기도하면서 깊이 생각하십시오. 성령님의 도우심을 구하면서 깊이 생각하십시오. 그때 깊은 생각을 통해 깊은 깨달음을 얻게 됩니다. 깨달음은 열림입니다. 열릴 때 알게 됩니다. 보게 됩니다. 문제를 해결하게 됩니다. 핵심을 간파하게 됩니다. 사람들의 진정한 필요를 알고 채워 주게 됩니다. 그때 우리에게 놀라운 복이 임합니다.

분별하고 마음 다해 존중해야 합니다

엘리사가 수넴 여인의 집을 계속해서 찾아온 진짜 이유가 있습니다. 그것은 수넴 여인이 엘리사를 존중한 까닭입니다. 엘리야가 승천한 후에 엘리사는 이스라엘의 선지자가 되었습니다. 문제는 사람들이 그를 엘리야의 후계자로 인정해 주지 않는 것입니다. 그의 권위를 인정해 주지 않는 것입니다. 작은 아이들까지 엘리사를 조롱합니다. 특별히 엘리사의 외모를 조롱합니다.

엘리사가 거기서 벧엘로 올라가더니 그가 길에서 올라갈 때에 작은 아이들이 성읍에서 나와 그를 조롱하여 이르되 대머리여 올라가라 대머리여 올라가라 하는지라 왕하 2:23

엘리사는 선지자이지만 동시에 사람입니다. 조롱을 받으면 마음이 상합니다. 그런데 수넴 여인은 엘리사를 존중합니다. 그녀가 남편에게 한 말을 보십시오.

여인이 그의 남편에게 이르되 항상 우리를 지나가는 이 사람은 하나님의 거룩한 사람인 줄을 내가 아노니 왕하 4:9

얼마나 놀라운 표현입니까? 작은 아이들이 조롱하는 엘리사를, 이 여인은 "하나님의 거룩한 사람"이라고 말합니다. 수넴 여인은 엘리사를 알아보았습니다. 하나님의 거룩한 사람으로 알아봅니다. 배려하는 사랑을 베풀기 위해서는 분별력이 필요합니다. 수넴 여인은 지혜로운 여인입니다. 지혜는 분별력입니다. 그녀는 엘리사가 하나님의 거룩한 사람인 것을 알았습니다. 곧 그녀는 엘리사가 하나님의 일을 하는 선지자인 것을 알았습니다.

거룩한 사람이란 구별된 사람이라는 의미입니다. 수넴 여인은 엘리사가 하나님의 일을 위해 구별된 하나님의 사람인 것을 알았습니다. 그녀는 사람을 분별할 줄 알았습니다. 분별하는 데서 멈춘 것이 아닙니다. 자신이 분별한 것을 표현할 줄 알았습니다. 자신이 분별한 것을 행동에 옮길 줄 알았습니다. 엘리사가 하나님의 거룩한 사람인 것을 알고 방을 예비했습니다. 엘리사가 안식할 수 있도록 도와준 것입니다. 또한 엘리사가 기도할 수 있는 공간을 마련해 준 것입니다.

하나님은 존중을 소중히 여기십니다. 존중이란 가치를 인정하는 것입니다. 존중이란 가치를 부여하는 것입니다. 존중이란 가치를 더해 주는 것입니다. 존중이란 가볍게 대하지 않는 것입니다. 반면에, 경멸이란 가치를 무시하는 것입니다.

경멸이란 가치를 인정하지 않는 것입니다. 경멸이란 가치를 폄하하는 것입니다. 경멸이란 가볍게 대하는 것입니다.

엘리 제사장과 그의 두 아들은 하나님을 존중하지 않았습니다. 하나님을 존중하지 않았기 때문에 하나님을 경외하지 않았습니다. 하나님을 경외하지 않았기 때문에 하나님께 진정으로 예배하지 않았습니다. 하나님께 드리는 제사를 멸시했습니다. 성경은 엘리의 두 아들의 범죄를 "그들이 제사를 멸시했다"고 기록하고 있습니다.

> 이 소년들의 죄가 여호와 앞에 심히 큼은 그들이 여호와의 제사를 멸시함이었더라 삼상 2:17

하나님은 엘리의 두 아들이 하나님의 제사를 멸시하는 것을 하나님을 멸시하는 것으로 보셨습니다. 그래서 하나님은 엘리에게 분명하게 말씀하십니다.

> 나를 존중히 여기는 자를 내가 존중히 여기고 나를 멸시하는 자를 내가 경멸하리라 삼상 2:30

존중을 심으면 존중을 거둡니다. 멸시를 심으면 경멸을

거듭니다. 원리는 늘 간단합니다. 심은 것을 거둡니다. 존중을
받고 싶다면 먼저 존중해야 합니다.

존중은 하나님의 복을 받는
열쇠입니다

하나님은 존중을 통해 복을 부어 주십니다. 존 비비어
(John Bevere)는 그의 책에서 존중이 하나님께 복을 받는 열쇠
라고 말합니다.

> 존중은 하나님께 복을 받는 중요한 열쇠다. 바로 그래서 우리 영혼의
> 원수가 존중의 참 힘을 없애 버리다시피 한 것이다. 존중에는 큰 보상
> 이 따르고, 하나님은 바로 당신이 그 보상을 얻기 원하신다. 당신의
> 삶을 크게 향상시키는 힘! 바로 그 힘이 존중에 있다. (존 비비어,《존중》,
> 두란노, 10쪽)

엘리사는 수넴 여인의 지속적인 배려와 존중에 감동을
받습니다. 어느 날 엘리사는 수넴 여인의 배려에 보답하고 싶
은 마음을 품게 됩니다. 게하시에게 수넴 여인을 불러오라고

말합니다. 그리고 그녀에게 무엇을 해 주면 좋겠는지 묻습니다(왕하4:11-13).

무엇이든 양을 채우는 것이 중요합니다. 기도의 양을 채우십시오. 섬김의 양을 채우십시오. 봉사의 양을 채우십시오. 독서의 양을 채우십시오. 배려의 양을 채우십시오. 중요한 것은 지속하는 것입니다. 꾸준하게 섬기는 것입니다.

우리는 조급합니다. 너무 일찍 결과를 원합니다. 너무 일찍 보상을 받으려고 합니다. 우리의 문제는 조급함과 나태함에 있습니다. 모든 소중한 것은 시간이 걸립니다. 생명은 시간이 걸려 탄생합니다. 음식도 잘 숙성시킬 때 맛이 있습니다. 몸에 좋습니다.

수넴 여인이 섬김의 양, 존중의 양, 배려의 양을 채웠을 때 엘리사는 깊이 감동을 받았습니다. 그녀가 원하는 것이면 무엇이든 도와주고 싶었습니다. 엘리사는 대단한 능력을 가진 선지자입니다.

내가 너를 위하여 무엇을 하랴 왕에게나 사령관에게 무슨 구할 것이 있느냐 왕하4:13

이에 대한 수넴 여인의 대답이 정말 감동적입니다.

여인이 이르되 나는 내 백성 중에 거주하나이다 하니라

수넴 여인의 대답은 "아무것도 부탁할 것이 없습니다"라는 뜻입니다. 현대인의성경은 조금 더 이해하기 쉽게 번역했습니다.

그러자 그 여자는 "아닙니다. 나는 내 백성 가운데서 아무런 어려움 없이 살고 있습니다." 하고 대답하였다 현대인의성경

순수한 섬김이 아름답습니다. 순수한 섬김이 더욱 감동을 줍니다. 진정한 배려란 아무런 보답을 기대하지 않고 섬기는 것입니다. 우리는 연약한 인간이기에 보답을 기대할 수밖에 없습니다. 하지만 우리가 성숙한 사람이 된다는 것은 보답을 기대하지 않고 섬기는 경지에 이르는 것을 의미합니다.

그런데 놀라운 사실이 있습니다. 아무런 보답을 기대하지 않고 섬길수록 그 결과가 좋다는 사실입니다. 수넴 여인의 반응을 들은 엘리사가 게하시에게 묻습니다. 게하시는 수넴 여인에게 필요한 것은 아들이라고 대답합니다.

엘리사가 이르되 그러면 그를 위하여 무엇을 하여야 할까 하니 게하시가 대답하되 참으로 이 여인은 아들이 없고 그 남편은 늙었나이다 하니 왕하 4:14

게하시의 말을 들은 엘리사는 수넴 여인을 다시 부릅니다. 그녀에게 하나님이 아들을 선물해 주실 것이라고 말합니다.

이르되 다시 부르라 하여 부르매 여인이 문에 서니라 엘리사가 이르되 한 해가 지나 이때쯤에 네가 아들을 안으리라 하니 여인이 이르되 아니로소이다 내 주 하나님의 사람이여 당신의 계집종을 속이지 마옵소서 하니라 여인이 과연 잉태하여 한 해가 지나 이때쯤에 엘리사가 여인에게 말한 대로 아들을 낳았더라 왕하 4:15-17

게하시는 수넴 여인의 가정에 정말 필요한 것이 무엇인지 알았습니다. 그것은 아들이었습니다. 하나님은 엘리사를 통해 수넴 여인에게 놀라운 복을 베풀어 주십니다. 전혀 기대하지 않았던 상을 베풀어 주십니다. 전혀 기대할 수 없었던 상을 베풀어 주십니다. 엘리사의 말을 들은 수넴 여인의 반응은 "당신의 계집종을 속이지 마옵소서"였습니다. 하지만 하나님은 엘리사가 한 말대로 그녀의 품에 아들을 안겨 주십니다.

엘리사가 수넴 여인에게 베푼 보답은 한 번으로 끝나지 않습니다. 엘리사는 수넴 여인의 아들이 병들어 죽었을 때 그 아들을 살려 줍니다.

> 엘리사가 집에 들어가 보니 아이가 죽었는데 자기의 침상에 눕혔는지라 들어가서는 문을 닫으니 두 사람뿐이라 엘리사가 여호와께 기도하고 아이 위에 올라 엎드려 자기 입을 그의 입에, 자기 눈을 그의 눈에, 자기 손을 그의 손에 대고 그의 몸에 엎드리니 아이의 살이 차차 따뜻하더라 엘리사가 내려서 집 안에서 한 번 이리저리 다니고 다시 아이 위에 올라 엎드리니 아이가 일곱 번 재채기하고 눈을 뜨는지라 엘리사가 게하시를 불러 저 수넴 여인을 불러오라 하니 곧 부르매 여인이 들어가니 엘리사가 이르되 네 아들을 데리고 가라 하니라 여인이 들어가서 엘리사의 발 앞에서 땅에 엎드려 절하고 아들을 안고 나가니라 왕하 4:32-37

엘리사는 수넴 여인을 끝까지 돌보아 줍니다. 수넴 땅에 흉년이 들었을 때 그녀를 7년 동안 안전한 땅으로 보냅니다.

7년이 지난 후에 그녀가 수넴으로 돌아왔을 때 왕이 그녀의 모든 재산을 회복시켜 줍니다.

왕이 그 여인에게 물으매 여인이 설명한지라 왕이 그를 위하여 한 관리를 임명하여 이르되 이 여인에게 속한 모든 것과 이 땅에서 떠날 때부터 이제까지 그의 밭의 소출을 다 돌려주라 하였더라 왕하 8:6

존중을 통해
천국을 맛보십시오

존중과 존경은 천국의 문화입니다. 반면에 멸시와 경멸은 지옥의 문화입니다. 서로를 존중하는 가정과 교회와 나라는 천국을 맛보게 됩니다. 반면에, 서로를 멸시하고 경멸하는 가정과 교회와 나라는 지옥을 맛보게 됩니다.

존중은 상대방의 잠재력을 극대화합니다. 존중은 자존감을 높여 줍니다. 존중은 상대방의 가치를 깨닫게 해 줍니다. 존중을 받으면 치유됩니다. 존중을 받으면 맡겨진 일을 더욱 잘하게 됩니다. 존중은 행복한 관계의 기초입니다. 존중을 심으면 존중을 거둡니다. 존중의 정도가 축복의 정도를 결정합니다. 반면에, 무시는 하나님의 은혜와 축복의 문을 닫게 만듭니다. 복의 흐름을 차단합니다.

존중은 하나님의 은혜와 축복의 문을 열어 줍니다. 복이 흘러넘치게 만듭니다. 중요한 것은 지속하는 것입니다. 지속해서 배려하십시오. 지속해서 섬기십시오. 지속해서 기도하십시오. 지속해서 봉사하십시오. 선을 행하다 낙심하지 마십시오.

> 우리가 선을 행하되 낙심하지 말지니 포기하지 아니하면 때가 이르매 거두리라 갈 6:9

수넴 여인은 엘리사 선지자를 마음으로 존중했습니다. 하나님의 안목으로 엘리사 선지자를 바라보았습니다. 하나님이 존귀히 쓰시는 선지자임을 알았기에 엘리사를 존귀히 여겼습니다. 수넴 여인은 존중을 표현할 줄 알았습니다. 존중을 간권함으로 표현했습니다. 환대를 통해 표현했습니다. 작은 방을 만들어 섬김으로 표현했습니다. 아무런 보답을 바라지 않았다는 순전한 고백으로 표현했습니다.

예수님은 만나는 사람들을 존중하셨습니다. 소외된 자

들, 병든 자들, 가난한 자들, 세리와 창기들까지 존중해 주셨습니다. 그들의 무한한 잠재력을 믿어 주셨습니다. 그들이 하나님 보실 때 얼마나 존귀한가를 보여 주셨습니다. 십자가는 예수님이 우리를 얼마나 존귀히 여기시는가를 보여 주는 장소입니다. 예수님은 죄인을 의인으로, 저주 받을 인생을 축복 받는 인생으로 변화시켜 주셨습니다.

존중을 통해 만나는 사람들이 천국을 맛보도록 도와주십시오. 예수님의 이름으로 존중할 때 천국이 함께합니다. 우리를 존중하신 예수님의 사랑을 만나는 사람들에게 전하기를 바랍니다.

묵상 질문

1 삶에서 존중을 받은 경험이 있습니까? 그 경험은 나를 어떻게 변화시켰습니까?

2 존중과 배려를 잘 실천하려면 가장 먼저 나의 무엇이 변화되어야 할까요?

3 존중이 천국의 문화라면, 나의 가정과 공동체는 천국과 얼마나 닮아 있습니까?

다른 사람을
존중하는 사람은
그 자체로 이미
위대한 사람이다.
_ 조지 워싱턴

6

배려와 헌신

마 26:6-13

헌신, 사명의 원동력

매우 귀한 향유 한 옥합을 깨뜨려 예수님의 머리에 부은 여인의 이야기는 감동을 줍니다. 울림을 줍니다. 아름답습니다. 그 이유는 아름다운 배려가 담긴 사랑의 이야기이기 때문입니다. 하나님은 사람 안에 아름다움을 갈망하는 마음을 넣어 주셨습니다. 사람은 아름다움을 갈망합니다. 아름다운 이야기를 갈망합니다.

아름다움은 우리를 멈추게 만드는 능력입니다. 우리는 아름다운 광경을 보면 멈추어 서서 머물게 됩니다. 다시 방문하게 됩니다. 아름다운 음악을 들으면 멈춥니다. 그리고 음미합니다. 아름다움은 우리를 멈추게 하고, 생각하게 합니다. 아름다움은 거듭 방문하게 만듭니다. 옥합을 깨뜨린 여인의 이야기는 아름다운 이야기입니다. 그래서 거듭 방문하게 됩니다. 거듭 방문하지만 새롭습니다. 새로운 것을 발견하게 됩니다. 새로운 깨달음을 얻습니다. 옥합을 깨뜨린 여인의 이야기는 다음과 같이 시작됩니다.

예수께서 베다니 나병 환자 시몬의 집에 계실 때에 한 여자가 매우 귀한 향유 한 옥합을 가지고 나아와서 식사하시는 예수

의 머리에 부으니 마 26:6-7

예수님이 베다니 나병 환자 시몬의 집에 계실 때입니다. 나병 환자 시몬은 한때 나병 환자였다가 고침을 받은 사람입니다. 나병에서 고침을 받은 시몬이 예수님을 집에 모신 것 같습니다. 예수님은 베다니를 좋아하신 것으로 보입니다. 예수님의 친구 나사로가 살던 곳입니다. 나사로의 누이 마르다와 마리아가 살던 곳입니다. 때는 예수님이 십자가에 못 박히시기 직전입니다. 예수님이 "인자가 십자가에 못 박히기 위하여 팔리리라"(마 26:2)라고 친히 말씀하신 때입니다.

죽음을 기다리시는 예수님은 외로우십니다. 고독하십니다. 곧 예수님의 제자 중의 가룟 유다가 예수님을 팔 것입니다. 그것도 은 삼십이라는 가격에 팔 것입니다. 예수님은 요셉처럼 인신매매를 당하시게 될 것입니다. 베드로는 예수님을 세 번 부인할 것입니다. 제자들은 십자가 앞에서 모두 예수님을 버리고 도망갈 것입니다. 바로 그때 한 여자가 매우 귀한 향유 한 옥합을 가지고 와서 식사하시는 예수님의 머리에 붓습니다. 아름다운 헌신입니다.

제자들은 여인을 비난합니다. 하지만 예수님은 여인을 칭찬하십니다. 칭찬 정도가 아니라 극찬(極讚)을 하십니다. 예수님이 극찬하신 여인의 배려와 헌신을 통해 우리가 배울 수 있는 것은 무엇일까요?

고난의 때에 배려하는 헌신은
매우 귀합니다

배려의 영성은 때를 분별하는 영성입니다. 배려란 적합한 때를 통해 더욱 빛납니다. 배려하기 위해서는 적합한 때를 분별할 줄 알아야 합니다. 배려의 영성은 배려를 위해 준비하는 영성입니다. 옥합을 깨뜨린 여인은 배려하는 사랑을 위해 옥합을 준비합니다. 배려하기 위해서는 성심을 다해 옥합을 준비해야 합니다.

옥합은 귀한 것입니다. 예수님 당시에 옥합을 가진 여인들이 많이 있었을 것입니다. 또한 옥합을 깨뜨려 예수님께 부어 드리고 싶은 여인들도 있었을 것입니다. 그 마음을 품었다 할지라도 행동으로 옮기지 않는다면 헌신은 빛을 발할 수 없습니다.

옥합을 깨뜨린 여인이 누구인지, 성경은 그 이름을 밝히지 않습니다. 하지만 예수님이 십자가를 지시기 직전에 옥합을 깨뜨린 것을 보면 마르다의 누이 마리아라고 유추할 수 있습니다. 그 이유는 요한복음에 예수님이 십자가를 지시기 전에 옥합을 깨뜨린 여인의 이름이 나오기 때문입니다.

유월절 엿새 전에 예수께서 베다니에 이르시니 이곳은 예수께서 죽은 자 가운데서 살리신 나사로가 있는 곳이라 거기서 예수를 위하여 잔치할새 마르다는 일을 하고 나사로는 예수와 함께 앉은 자 중에 있더라 마리아는 지극히 비싼 향유 곧 순전한 나드 한 근을 가져다가 예수의 발에 붓고 자기 머리털로 그의 발을 닦으니 향유 냄새가 집에 가득하더라 요 12:1-3

이 사건 바로 뒤에 예수님이 예루살렘에 입성하십니다. 옥합을 깨뜨린 여인의 이야기는 예수님이 경험하시게 될 가장 고독한 사건 직전에 일어난 일입니다.

유월절 전에 예수께서 자기가 세상을 떠나 아버지께로 돌아가실 때가 이른 줄 아시고 세상에 있는 자기 사람들을 사랑하시되 끝까지 사랑하시니라 마귀가 벌써 시몬의 아들 가룟 유다의 마음에 예수를 팔려는 생각을 넣었더라 요 13:1-2

옥합을 깨뜨린 여인은 예수님을 관찰하는 중에 예수님의 얼굴에 수심이 있는 것을 알아차렸습니다. 예수님의 얼굴에 슬픔이 있는 것을 알아차렸습니다. 배려란 관찰하는 중에 사랑하는 사람의 고통을 깨닫는 능력입니다.

예수님은 제자들에게 분명히 자신이 십자가에 못 박혀 죽을 것을 말씀하셨습니다. 자신이 팔릴 것을 말씀하셨습니다. 그런데 제자들은 예수님의 고뇌를 감지하지 못했습니다. 하지만 옥합을 깨뜨린 여인은 예수님의 고뇌를 온몸으로 느꼈습니다. 사랑하면 알게 됩니다. 사랑하면 보게 됩니다. 사랑하면 느끼게 됩니다. 사랑하면 평온해 보이는 얼굴에 깃든 수심을 보게 됩니다. 여인은 예수님의 수심을 읽었고, 예수님께 위로가 필요하다는 것을 알았습니다.

예수님은 여인을 통해 위로를 받으셨습니다. 위로란 마음의 슬픔을 달래 주는 것입니다. 예수님은 여인의 사랑을 통해 힘을 얻으셨습니다. 사랑은 에너지를 공급합니다. 사랑을 받으면 고난을 잘 견딜 수 있는 힘을 얻습니다.

예수님이 여인의 헌신을 통해 위로를 받으셨다는 것을 어떻게 알 수 있을까요? 예수님이 하신 말씀에 나타납니다.

이 여자가 내 몸에 이 향유를 부은 것은 내 장례를 위하여 함

이니라 마 26:12

그는 힘을 다하여 내 몸에 향유를 부어 내 장례를 미리 준비하

였느니라 막 14:8

사랑하면 민감해집니다. 민감성이란 남이 볼 수 없는 것
을 보는 것입니다. 옥합을 깨뜨린 여인은 예수님의 마음 깊은
곳에 감추인 슬픔을 보았습니다. 예수님께 고통의 날이 점점
가까워 오고 있음을 느꼈습니다. 예수님의 얼굴에 깃든 그늘
을 보았습니다. 예수님의 외로움을 느꼈습니다. 예수님이 곧
떠나실 때가 가까워 옴을 느꼈습니다. 여인은 예수님이 가장
외로우실 때 자신에게 가장 소중한 옥합을 깨뜨렸습니다.

옥합은 귀하지만 아무 때나 아무에게나 깨뜨린다고 감동
을 주는 것이 아닙니다. 배려에도 적합한 때가 필요합니다. 헌
신에도 적합한 때가 필요합니다. 때를 분별하는 것은 사랑의
예술입니다. 삶의 기술입니다.

예수님을 존귀히 여기면
존귀히 여김을 받습니다

배려의 영성은 존중의 영성입니다. 배려란 존중입니다. 존중이란 상대방을 존귀(尊貴)히 여기는 것입니다. 존중이란 상대방의 가치를 알아주는 것입니다. 여인이 예수님을 위해 깨뜨린 옥합에 대한 묘사를 보십시오.

> 한 여자가 매우 귀한 향유 한 옥합을 가지고 나아와서 식사하시는 예수의 머리에 부으니 마 26:7

옥합에 대한 표현이 놀랍습니다. "매우 귀한 향유 한 옥합"입니다. 이 표현은 이 향유가 매우 귀하다는 것을 의미합니다. 아주 가치가 있다는 것을 의미합니다. 여인은 바로 그처럼 귀한 것을 존귀하신 예수님께 부어 드린 것입니다. 제자들은 여인에게 분개합니다. 예수님께 부어 드린 옥합을 허비했다고 말합니다.

> 제자들이 보고 분개하여 이르되 무슨 의도로 이것을 허비하느냐 이것을 비싼 값에 팔아 가난한 자들에게 줄 수 있었겠도

다 하거늘 마 26:8-9

제자들은 여인을 비난합니다. 책망합니다. 헌신하면 비난을 받습니다. 헌신하면 책망을 받습니다. 하지만 헌신하는 사람은 말이 없습니다.

어떤 사람들이 화를 내어 서로 말하되 어찌하여 이 향유를 허비하는가 이 향유를 삼백 데나리온 이상에 팔아 가난한 자들에게 줄 수 있었겠도다 하며 그 여자를 책망하는지라 막 14:4-5

제자들은 화를 내어 서로 말합니다. 여인이 향유를 허비했다고 말합니다. 향유를 팔았으면 삼백 데나리온을 받아 가난한 자들에게 줄 수 있었을 것이라고 말합니다. 배려하는 헌신을 위해서는 사람들의 오해와 비난을 각오해야 합니다.

그러나 여인의 헌신은 결코 허비가 아닙니다. '허비'(虛費)란 헛되이 낭비하는 것입니다. 허비란 의미 없는 일에 낭비하는 것입니다. 제자들은 예수님께 드린 향유를 허비요, 낭비라고 생각합니다. 그들은 분노합니다. 그들은 아주 의로운 척합니다. 그 귀한 향유를 팔아서 가난한 자들을 구제했으면 좋았을 것이라고 말합니다.

그들은 예수님을 존귀히 여기지 않습니다. 예수님의 가치를 인정하지 않습니다. 예수님은 누구와도 비교할 수 없는 분이십니다. 하나님의 아들이십니다. 구주이십니다. 하나님이십니다. 제자들은 하나님의 아들이신 예수님께 드린 향유를 낭비라고 말합니다. 가장 가까이에 있는 사람들이 오히려 가장 가까이에 계신 분을 잘 모릅니다. 가장 가까이에 계신 스승의 훌륭함을 잘 모릅니다. 이것이 인생의 모순입니다.

예수님은 제자들의 격한 분노를 책망하십니다. 그들의 생각을 바로잡으십니다. 대신, 여인을 칭찬해 주십니다.

예수께서 아시고 그들에게 이르시되 너희가 어찌하여 이 여자를 괴롭게 하느냐 그가 내게 좋은 일을 하였느니라 가난한 자들은 항상 너희와 함께 있거니와 나는 항상 함께 있지 아니하리라 마 26:10-11

예수님은 "그가 내게 좋은 일을 하였느니라"라고 말씀하십니다. "좋은 일"은 아름다운 일입니다. 새번역 성경은 10절을 이렇게 번역합니다.

예수께서 이것을 보시고 그들에게 말씀하셨다. "왜 이 여자를

괴롭히느냐? 그는 내게 아름다운 일을 하였다." ^{새번역}

배려는 배려를 낳습니다. 옥합을 깨뜨린 여인의 배려를 받으신 예수님이 여인을 배려하십니다. 배려란 행한 일의 가치를 인정해 주는 것입니다. 배려란 잘한 것을 잘했다고 칭찬해 주는 것입니다.

이 여자가 내 몸에 이 향유를 부은 것은 내 장례를 위하여 함이니라 내가 진실로 너희에게 이르노니 온 천하에 어디서든지 이 복음이 전파되는 곳에서는 이 여자가 행한 일도 말하여 그를 기억하리라 하시니라 마 26:12-13

예수님께 들을 수 있는 최고의 칭찬입니다. 헌신의 영향력은 무한합니다. 희생의 영향력은 무한합니다. 배려의 영향력은 무한합니다. 예수님은 여인이 행한 일이 온 천하에 알려질 것이라고 말씀하십니다. 여인이 행한 일이 복음이 전파되는 모든 곳에서 기억될 것이라고 말씀하십니다. 예수님은 옥합을 깨뜨린 여인의 헌신과 복음을 거의 동일시하십니다.

예수님은 여인을 보호해 주십니다. 배려란 보호입니다. 예수님은 여인을 변호해 주십니다. 배려란 변호입니다. 예수님은 여인이 한 일의 가치를 올바로 평가해 주십니다. 배려란 가치를 올바로 평가해 주는 것입니다. 예수님은 여인이 한 일에 의미를 부여해 주십니다. 배려란 행한 일에 의미를 부여해 주는 것입니다. 예수님은 여인이 옥합을 깨뜨려 예수님의 장례를 준비했다고, 그 의미를 부여해 주십니다. 그런 까닭에 여인이 행한 일은 가치 있는 일이며 아름다운 일이라고 말씀하십니다.

보석은 알아볼 줄 아는 사람에게만 보석입니다. 보석을 알아볼 줄 모르는 사람에게 보석은 작은 돌멩이에 불과합니다. 그 당시 대제사장들과 가룟 유다의 어리석음은 예수님의 가치를 폄하한 것입니다.

그때에 열둘 중의 하나인 가룟 유다라 하는 자가 대제사장들에게 가서 말하되 내가 예수를 너희에게 넘겨주리니 얼마나 주려느냐 하니 그들이 은 삼십을 달아 주거늘 마 26:14-15

그들은 하나님의 아들을 은 삼십에 팔았습니다. 하나님의 가치를 은 삼십으로 폄하했습니다. 반면에, 옥합을 깨뜨린 여인은 예수님이 어떤 분이신가를 알았습니다. 그래서 가장 귀한 향유를 예수님의 몸에 부어 드린 것입니다. 존중은 존중

을 낳습니다. 존귀는 존귀를 낳습니다. 예수님은 여인을 존중
하셨습니다. 존귀히 여기셨습니다. '존귀'(尊貴)란 높고 귀하
게 여기는 것입니다. 존귀한 사람은 존귀한 일을 도모합니다.

존귀한 자는 존귀한 일을 계획하나니 그는 항상 존귀한 일에
서리라 사 32:8

존중할 때 하나님의 복이 임합니다. 존중할 때 하나님의
능력이 나타납니다. 예수님이 고향을 방문하셨을 때 사람들
은 예수님을 존귀히 여기지 않았습니다. 예수님은 그 놀라운
능력을 고향에서 행하지 않으셨습니다.

예수를 배척한지라 예수께서 그들에게 말씀하시되 선지자가
자기 고향과 자기 집 외에서는 존경을 받지 않음이 없느니라
하시고 그들이 믿지 않음으로 말미암아 거기서 많은 능력을
행하지 아니하시니라 마 13:57-58

하나님은 믿음을 통해 능력을 나타내십니다. 하나님은
신뢰를 통해 능력을 행하십니다. 하나님은 존중을 통해 능력
을 행하십니다.

예수님은 깨뜨림의 헌신을
소중히 여기십니다

배려하기 위해서는 소중한 것을 깨뜨리는 헌신이 있어야
합니다. 마가복음에서는 여인이 옥합을 깨뜨려 예수님의 머
리에 부었다고 기록하고 있습니다.

> 예수께서 베다니 나병 환자 시몬의 집에서 식사하실 때에 한
> 여자가 매우 값진 향유 곧 순전한 나드 한 옥합을 가지고 와서
> 그 옥합을 깨뜨려 예수의 머리에 부으니 막 14:3

그 당시 여인들은 옥합에 향유를 모았습니다. 어떤 여인
은 결혼을 하기 위한 지참금으로 향유를 옥합에 모은 다음, 옥
합을 봉했습니다. 어떤 여인은 결혼한 후에 가족의 미래를 준
비하고 가족의 안전을 위해 옥합에 향유를 모았습니다. 그런
까닭에 여인들에게 옥합은 정말 소중한 것이었습니다.

여인은 자신이 아끼고 소중히 여기는 옥합을 깨뜨려 향
유를 예수님의 머리에 부어 드렸습니다. 옥합을 깨뜨리는 것
은 자신을 깨뜨리는 헌신의 행위입니다. 옥합을 깨뜨리는 것
은 남김 없는 헌신, 아낌없는 헌신을 의미합니다. 여인이 이렇

게 헌신할 수 있었던 것은 예수님께 받은 은혜 때문입니다. 예수님께 받은 사랑 때문입니다. 예수님께 받은 은혜와 사랑에 감사해서 옥합을 깨뜨린 것입니다. 깨뜨림은 부서짐을 의미합니다. 깨어지고 부서질 때 향유가 흘러나옵니다. 하나님은 깨뜨림과 깨어짐과 부서짐을 통해 놀라운 일을 이루십니다.

깨뜨린다는 것은 상처를 내는 것입니다. 그런데 그 상처를 통해 향유가 흘러나옵니다. 상처가 없으면 향유도 없습니다. 우리는 상처를 싫어합니다. 상처받는 것을 두려워합니다. 하지만 하나님은 상처를 통해 놀라운 일을 이루십니다. 조금 깊이 묵상해 보면, 모든 생명은 상처를 통해 태어납니다. 모든 아름다운 것들은 상처를 통해 이 세상에 그 자태를 드러냅니다.

상처를 통해 생명이 태어납니다. 앤 보스캠프는 "부서짐의 길은 진정한 생명, 풍성한 생명으로 가는 유일한 길이다"라고 말합니다. 부서짐의 아픔을 통해 어린아이는 태어납니다. 어린아이는 아름답습니다. 하나님의 작품 가운데 사람은 최고의 걸작입니다. 씨앗은 상처를 통해 싹을 틔웁니다. 상처를 통해 꽃이 핍니다. 상처를 통해 태어난 꽃은 아름답습니다. 상처를 통해 핀 꽃에서 향기가 납니다. 상처를 통해 풍성한 열매를 맺게 됩니다.

보스캠프는 또한 "부서짐의 길은 풍성함의 길이다"라고 말합니다. 하나님의 은혜는 부서짐을 통해 깨닫게 됩니다. 반스 하브너(Vance Havner)는 "하나님은 부서진 것들을 사용하신다. 땅이 갈라져야 곡식이 자라고, 구름이 터져야 비가 내리며, 곡식이 부서져야 빵이 만들어지고, 빵이 부서져야 힘을 준다"라고 말했습니다. 예수님의 깨어진 몸에서 피와 물이 쏟아졌습니다.

> 그중 한 군인이 창으로 옆구리를 찌르니 곧 피와 물이 나오더라 요 19:34

예수님은 헌신적인 사랑을 힘입어 사명을 완수하셨습니다. 예수님은 옥합을 깨뜨린 여인의 사랑을 받으신 후에 십자가를 향해 나아가셨습니다. 요한복음 12장에서 마리아는 예수님의 발에 향유를 부었습니다.

> 마리아는 지극히 비싼 향유 곧 순전한 나드 한 근을 가져다가 예수의 발에 붓고 자기 머리털로 그의 발을 닦으니 향유 냄새가 집에 가득하더라 요 12:3

왜 마리아는 예수님의 발에 향유를 부었을까요? 그 이유는 예수님의 발이 십자가를 향해 나아가는 발이기 때문입니다. 사명을 완수하기 위해 십자가를 질 발이기 때문입니다.

옥합을 깨뜨린 여인의 사랑은 아낌없이 드리는 사랑입니다. 예수님도 십자가에서 옥합을 깨뜨리듯이 자신을 깨뜨리셨습니다. 예수님의 깨어진 몸에서 피와 물이 쏟아졌습니다. 우리는 예수님의 피를 통해 죄 사함을 받게 되었습니다. 예수님의 몸을 통해 생명의 양식을 먹게 되었습니다. 예수님의 살은 참된 양식입니다. 예수님의 피는 우리 영혼의 참된 음료입니다.

내 살을 먹고 내 피를 마시는 자는 영생을 가졌고 마지막 날에 내가 그를 다시 살리리니 내 살은 참된 양식이요 내 피는 참된 음료로다 요 6:54-55

우리는 예수님의 살과 피를 통해 영생을 얻습니다. 또한 마지막 날에 부활하게 됩니다. 얼마나 놀라운 복입니까? 얼마나 풍성한 은혜입니까? 영생은 오래 사는 것만 의미하는 것이 아닙니다. 삶의 질을 의미합니다. 영생은 하나님의 생명입니다. 하나님의 유전자가 담긴 생명입니다. 하나님의 성품과 본성과 능력이 담긴 생명입니다. 영생은 사랑의 생명입니다. 풍성한 생명입니다. 사람을 살리는 생명입니다. 사람을 치유하는 생명입니다. 영생은 사람을 존귀히 여기는 생명입니다.

여인이 옥합을 깨뜨렸을 때 향유가 흘러나와 그 집에 향유 냄새가 가득했습니다.

향유 냄새가 집에 가득하더라 요12:3

예수님은 옥합을 깨뜨린 여인처럼 자신을 깨뜨려 향기로운 제물이 되셨습니다.

그는 우리를 위하여 자신을 버리사 향기로운 제물과 희생제물로 하나님께 드리셨느니라 엡5:2

예수님이 십자가에서 흘리신 피와 물은 그리스도의 향기입니다. 사랑하는 사람들은 향기를 발합니다. 반면에, 미움과 질투와 시기는 악취를 발합니다.

아가서는 솔로몬과 술람미 여인의 사랑 이야기입니다. 하지만 영적으로는 예수님과 신부 된 교회의 사랑 이야기입니다. 아가서는 향기의 아름다움을 노래합니다.

네 기름이 향기로워 아름답고 네 이름이 쏟은 향기름 같으므로 처녀들이 너를 사랑하는구나 아1:3

내 누이, 내 신부야 네 사랑이 어찌 그리 아름다운지 네 사랑은 포도주보다 진하고 네 기름의 향기는 각양 향품보다 향기롭구나 아4:10

북풍아 일어나라 남풍아 오라 나의 동산에 불어서 향기를 날리라 나의 사랑하는 자가 그 동산에 들어가서 그 아름다운 열매 먹기를 원하노라 아4:16

우리가 예수님을 영접할 때 우리는 그리스도의 향기를 발하는 사람이 됩니다.

우리는 구원받는 자들에게나 망하는 자들에게나 하나님 앞에서 그리스도의 향기니 고후2:15

언제 우리가 그리스도의 향기를 발할 수 있을까요? 옥합을 깨뜨린 여인처럼 배려하고 헌신할 때입니다. 이기적인 삶에는 향기가 없습니다. 반면에, 이타적인 삶에는 향기가 있습니다.

하나님만이 배려의 영향력을 아십니다

예수님이 옥합을 깨뜨린 여인을 칭찬하신 말씀을 보십시오. 여인의 배려가 미치는 영향력을 알 수 있습니다.

내가 진실로 너희에게 이르노니 온 천하에 어디서든지 이 복음이 전파되는 곳에서는 이 여자가 행한 일도 말하여 그를 기억하리라 하시니라 마 26:13

온 천하에 어디서든지 복음이 전파되는 곳에서는 이 여인이 행한 일도 말하여 기억될 것입니다. 예수님이 여인의 옥합을 깨뜨린 헌신을 이토록 높이 평가하신 이유가 무엇일까요?

여인은 옥합을 깨뜨려 예수님의 머리에 부었습니다(마 26:7). 예수님의 머리에 기름을 부은 것은 정말 놀라운 일입니다. 구약에서 머리에 기름 부음을 받은 사람은 왕과 제사장과 선지자입니다. '기름 부음을 받은 자'를 '메시아'라고 부릅니다. '메시아'는 히브리어입니다. 헬라어로는 '그리스도'입니다.

예수님은 이 땅에 왕 중의 왕으로 오셨습니다. 대제사장으로 오셨습니다. 선지자로 오셨습니다. 하나님은 성령님을 통해 예수님께 기름을 부어 주셨습니다. 하지만 아무도 예수님의 머리에 기름을 부어 주지 않았습니다. 그런데 이 여인이 예수님의 머리에 향유 기름을 부어 드린 것입니다. 여인이 예수님이 메시아, 곧 그리스도이심을 공포한 것입니다.

예수님은 이 여인이 향유를 예수님의 머리에뿐만 아니라 예수님의 몸에 부었다고 말씀하십니다.

이 여자가 내 몸에 이 향유를 부은 것은 내 장례를 위하여 함이니라 마 26:12

예수님의 몸은 신약성경에서 그리스도의 교회를 의미합니다.

그리스도의 남은 고난을 그의 몸 된 교회를 위하여 내 육체에 채우노라 골 1:24

예수님은 몸 된 교회의 머리이시며, 우리는 그 몸의 지체입니다.

그는 몸인 교회의 머리시라 그가 근본이시요 죽은 자들 가운

데서 먼저 나신 이시니 이는 친히 만물의 으뜸이 되려 하심
이요 골 1:18

예수님이 십자가에서 죽으실 때 신부 된 교회가 태어났
습니다. 첫 번째 아담의 옆구리 갈비뼈에서 여인이 태어난 것
처럼, 마지막 아담이신 예수님의 옆구리를 통해 신부 된 교회
가 태어났습니다. 옥합을 깨뜨린 여인이 예수님의 머리와 몸
에 향유를 부은 것은 곧 교회에 향유를 부은 것입니다. 예수님
이 오시면서 구약의 성전 시대는 끝났습니다. 교회 시대가 도
래했습니다. 하나님은 교회를 통해 놀라운 일을 이루십니다.

또 만물을 그의 발아래에 복종하게 하시고 그를 만물 위에 교
회의 머리로 삼으셨느니라 교회는 그의 몸이니 만물 안에서
만물을 충만하게 하시는 이의 충만함이니라 엡 1:22-23

옥합을 깨뜨린 여인은 적합한 때에 헌신했습니다. 옥합
을 깨뜨린 여인은 예수님을 존귀히 여겼습니다. 옥합을 깨뜨
린 여인의 헌신은 아름다운 헌신입니다. 복된 헌신입니다. 배
려와 헌신은 그 영향력이 놀랍습니다. 배려와 헌신을 통해 풍
성한 열매를 맺기를 바랍니다.

묵상 질문

___

1 내 삶에서 가장 소중한 옥합을 주님 앞에 기꺼이 깨뜨린 적이 있습니까?

2 오늘 나는 어떤 옥합을 깨뜨려 주님의 마음을 시원케 해 드릴 수 있을까요?

3 주님께 드리는 것이 허비라고 비난받을 때에도 변함없이 헌신할 수 있습니까?

"True devotion gives everything, and expects nothing."

"참된 헌신은
모든 것을 바치고
아무것도 바라지 않는다."
_ 오스왈드 챔버스

7

배려와 겸손

행 11:19-26

성품, 하나님의 우선순위

배려는 소중한 성품입니다. 하나님은 배려의 성품을 가진 사람을 소중히 여기십니다. 사도행전 11장에서 만나는 바나바는 성품이 좋은 사람입니다. 특별히 배려의 성품을 가진 좋은 사람입니다. 배려 하면 떠오르는 인물이 바로 바나바입니다. 또한 바나바는 성령과 믿음이 충만한 사람입니다.

바나바는 착한 사람이요 성령과 믿음이 충만한 사람이라

행 11:24

성경은 바나바를 소개할 때 먼저 그의 성품을 이야기한 후에 그의 믿음에 대해 이야기합니다. 예루살렘 교회는 바나바를 안디옥 교회의 목회자로 파송합니다. 하나님은 우리의 능력보다 성품에 관심이 있으시다는 것을 기억해야 합니다. 물론 하나님은 우리의 실력이나 역량을 무시하지 않으십니다. 하지만 하나님의 우선순위는 성품에 있습니다.

우리는 하나님이 왜 안디옥 교회의 담임 목회자로 바나바를 세우셨는지를 배워야 합니다. 안디옥 교회는 우리가 거듭 돌아가서 배워야 하는 교회입니다. 그 이유는 안디옥 교회를 통해 세계 선교의 역사가 전개되었기 때문입니다. 예루살렘 교회는 사도들이 세운 교회입니다. 하지만 사도들은 예루살렘과 온 유대에 머물렀지만, 땅끝을 향해 나아가지 않았습니다. 예수님의 비전과 지상 명령은 분명했습니다. 그것은 모든 민족과 만민 그리고 땅끝까지 이르러 복음을 전하라는 것입니다.

오직 성령이 너희에게 임하시면 너희가 권능을 받고 예루살렘과 온 유대와 사마리아와 땅끝까지 이르러 내 증인이 되리라 하시니라 행 1:8

그러나 사도들은 사마리아와 땅끝을 향해 나아가기보다 예루살렘에 머물렀습니다. 스데반의 순교와 함께 예루살렘에 있는 교회에 큰 박해가 있었습니다. 그때도 사도들은 움직이지 않았습니다. 오직 평신도들이 예루살렘을 떠나 흩어졌습니다.

사울은 그가 죽임당함을 마땅히 여기더라 그날에 예루살렘에 있는 교회에 큰 박해가 있어 사도 외에는 다 유대와 사마리아 모든 땅으로 흩어지니라 행 8:1

스데반의 죽음과 함께 예루살렘 교회에 임한 큰 박해로 흩어진 사람들이 가는 곳마다 복음을 전했습니다. 그들은 안디옥에 이르러서 안디옥 교회를 개척했습니다.

그때에 스데반의 일로 일어난 환난으로 말미암아 흩어진 자들이 베니게와 구브로와 안디옥까지 이르러 유대인에게만 말씀을 전하는데 그중에 구브로와 구레네 몇 사람이 안디옥에 이르러 헬라인에게도 말하여 주 예수를 전파하니 주의 손이 그들과 함께하시매 수많은 사람들이 믿고 주께 돌아오더라 행 11:19-21

구브로와 구레네 몇 사람이 안디옥에서 헬라인에게도 주 예수님을 전했습니다. 헬라인은 이방인입니다. 비로소 복음이 이방인들에게 전해졌습니다. 그렇게 시작된 교회가 안디옥 교회입니다. 안디옥 교회는 평신도들에 의해 세워졌습니다. 그 소식을 듣고 예루살렘 교회가 바나바를 안디옥 교회에 파송했습니다.

예루살렘 교회가 이 사람들의 소문을 듣고 바나바를 안디옥까지 보내니 행 11:22

왜 예루살렘 교회가 바나바를 안디옥 교회에 보냈을까
요? 바나바를 통해 안디옥 교회는 어떻게 건강하게 세워졌
나요?

하나님은 고난을 통해
새 역사를 창조하십니다

안디옥 교회가 세워진 것은 예루살렘 교회에 임한 박해
때문입니다. 환난 때문입니다. 하나님은 박해를 낭비하지 않
으십니다. 고난과 환난을 낭비하지 않으십니다.

'환난'(患難)이란 눌러서 압박하는 것입니다. 환난이라는
뜻의 영어 단어 'tribulation'은 라틴어 '트리불룸'(tribulum)에
서 나왔습니다. '트리불룸'은 곡식을 탈곡할 때 사용하는 도
구입니다. 이 도구는 곡식의 껍질을 벗기기 위해 압박하고 마
찰을 가합니다. 그 과정에서 곡식의 껍질이 벗겨집니다.

환난은 곡식의 껍질을 벗기는 것입니다. 환난은 고통을
통해 우리에게 필요 없는 껍질을 벗기는 것입니다. 환난은 멀
리 흩어지게 만듭니다.

'흩어지다'의 헬라어는 '디아스페이로'(διασπείρω, diaspeiro)

입니다. 이 단어는 '흩어지다', '퍼뜨리다', 혹은 '확산시키다'라는 뜻을 내포하고 있습니다. 조금 더 설명하면 '디아스페이로'는 '씨를 뿌리다'라는 뜻입니다. 이 말에서 '디아스포라'가 나옵니다. 이민자들은 디아스포라입니다. 안락한 삶의 환경을 떠나 흩어졌습니다. 흩어져 심긴 사람들입니다.

여기서 우리는 고난의 신비를 배웁니다. 고난은 안락한 곳을 떠나 모험하게 만듭니다. 요셉의 환난을 기억하십시오. 그는 안락한 아버지의 품을 떠나 애굽으로 끌려갔습니다. 고난은 새로운 세계로 뻗어 나가게 합니다. 예루살렘에 머물던 사람들이 흩어져 사마리아와 베니게, 구브로와 안디옥까지 뻗어 나갔습니다.

고난은 우리를 정결케 합니다. 고난의 유익은 우리를 정결케 하는 것입니다. 불순물을 제거하는 것입니다.

고난당하기 전에는 내가 그릇 행하였더니 이제는 주의 말씀을 지키나이다 시 119:67.

그리스도께서 이미 육체의 고난을 받으셨으니 너희도 같은 마음으로 갑옷을 삼으라 이는 육체의 고난을 받은 자는 죄를 그쳤음이니 벧전 4:1

모든 고난이 죄 때문에 오는 것은 아닙니다. 성경은 분명히 이 점을 밝히고 있습니다. 하지만 하나님은 고난을 낭비하지 않으십니다. 고난을 통해 우리를 더욱 정결케 하십니다. 더욱 고결하게 하십니다.

고난은 우리를 변화시킵니다. 우리를 변화시키는 은총의 도구는 다양합니다. 꿈을 꾸면 사람이 변화됩니다. 사랑을 받으면 사람이 변화됩니다. 좋은 만남을 통해 사람이 변화됩니다. 좋은 책을 통해 사람이 변화됩니다. 놀라운 은혜와 큰 복을 받으면 사람이 변화됩니다. 또한 사람은 고통을 통해 변화됩니다. 이것이 고통의 신비입니다. 고난은 우리를 깊이 있는 사람으로 만듭니다. 고난의 깊이가 성숙의 깊이를 결정합니다. 고통 중에 있는 이들을 공감할 수 있는 사려 깊은 사람으로 만듭니다.

고난은 새 역사를 창조합니다. 모든 새로운 역사는 고난 중에 창조됩니다. 출애굽의 역사는 새로운 역사입니다. 출애굽의 역사는 고통 중에 탄생했습니다. 안디옥 교회가 탄생한 것은 정말 새로운 역사입니다. 안디옥 교회는 처음으로 유대인 그리스도인과 이방인 그리스도인이 연합하여 세워진 교회입니다.

고난을 통해 사명을 완수하게 됩니다. 예수님이 제자들

에게 주신 위대한 지상 명령과 위대한 사랑의 계명이 고난을 통해 실현됩니다. 모든 민족을 제자로 삼는 역사가 안디옥 교회에서 이루어집니다. 예수님이 "서로 사랑하라" 말씀하신 위대한 계명이 안디옥 교회에서 이루어집니다.

우리 민족은 고난의 민족입니다. 우리 민족은 지금 전 세계에 흩어져 있습니다. 최근 통계에 의하면, 전 세계에 거주하는 한국인이 708만 명입니다. 어느 통계를 보면, 180개국에 흩어져 있다고 보고하고, 어떤 통계는 193개국에 흩어져 있다고 합니다. 중국인보다 더 많은 나라에 흩어져 살고 있습니다. 정말 대단한 민족입니다. 우리 민족의 특징은 가는 곳마다 교회를 세우는 것입니다. 머무는 곳에 심기어 사명을 완수하는 것입니다.

누구도 고난을 좋아하지 않습니다. 하지만 고난 속에 핀 꽃이 아름답습니다. 고난을 통해 연단을 받은 인물들이 요긴하게 쓰임을 받습니다.

하나님은 배려의 사람을 통해
새 역사를 창조하십니다

안디옥 교회를 개척한 사람들은 예루살렘 교회에서 흩어진 평신도들입니다. 그들은 고난을 통해 뻗어 나갔습니다. 안디옥까지 뻗어 나가서 안디옥 교회를 세웠습니다. 바로 그 안디옥 교회를 견고하게 세운 인물이 바나바입니다. 바나바를 통해 선교의 새 역사가 시작됩니다.

하나님의 은혜가 머무는 곳이
건강한 교회입니다

바나바가 안디옥 교회에서 제일 먼저 본 것은 하나님의 은혜입니다. 그는 하나님의 은혜를 보고 기뻐했습니다.

예루살렘 교회가 이 사람들의 소문을 듣고 바나바를 안디옥까지 보내니 그가 이르러 하나님의 은혜를 보고 기뻐하여 모든 사람에게 굳건한 마음으로 주와 함께 머물러 있으라 권하니 행 11:22-23

건강한 교회의 특징은 하나님의 은혜가 함께하는 것입니

다. 안디옥 교회는 은혜가 충만한 교회였습니다. 복음은 은혜의 복음입니다. 복음 속에는 하나님의 한량없는 은혜가 담겨 있습니다. 풍성한 은혜가 담겨 있습니다. 차고 넘치는 은혜가 담겨 있습니다. 하나님의 은혜는 구원의 은혜입니다. 하나님의 은혜는 값없이 주시는 은혜입니다. 하나님의 은혜는 유대인과 이방인에게 차별 없이 임하는 은혜입니다.

유대인이나 헬라인이나 차별이 없음이라 한 분이신 주께서 모든 사람의 주가 되사 그를 부르는 모든 사람에게 부요하시도다 롬 10:12

예수님의 복음은 유대인이나 헬라인이나 차별 없는 복음입니다. 오순절 성령님이 임하셨을 때 복음은 유대인에게만 전해졌습니다. 헬라인에게는 전해지지 않았습니다. 그런데 비로소 안디옥에서 헬라인들에게도 복음이 전해졌습니다.

그중에 구브로와 구레네 몇 사람이 안디옥에 이르러 헬라인에게도 말하여 주 예수를 전파하니 행 11:20

바나바가 안디옥에 가서 본 하나님의 은혜는 유대인과

헬라인이 복음 안에서 하나 된 은혜입니다. 서로 연합해서 주님을 섬기는 은혜입니다.

하나님 닮은 리더가 섬기는 교회가
건강한 교회입니다

건강한 교회는 건강한 영적 지도자에 의해 세워집니다. 건강한 교회는 건강한 성도들에 의해 세워집니다. '건강하다'는 것은 문제가 없다는 것이 아닙니다. 건강하다는 것은 문제를 통해 더욱 성장하는 것을 의미합니다. 갈등을 통해 더욱 성숙해지는 것입니다. 건강하다는 것은 문제를 하나님의 도우심을 따라 해결하고, 그 문제를 통해 기적을 경험하는 것을 뜻합니다. 건강한 몸은 병을 이겨 냅니다. 이와 같이 건강한 교회는 문제를 극복하면서 더욱 성장하고 더욱 단단해집니다. 그 역할을 감당하는 사람이 영적 리더입니다.

첫째, 바나바는 하나님의 착한 성품을 닮은 사람입니다 (행 11:24). 바나바는 착한 사람입니다. "착한"의 헬라어 '아가토스'(ἀγαθός, agathos)의 원뜻은 '선하고 착하고 좋은'입니다. 성경에서 이 말은 하나님과의 관계에서의 신실함을 가리킵니다. 또한 다른 사람들에게 유익을 주는 것을 의미합니다. 하나님은 좋으신 하나님입니다. 구약에서 좋으신 하나님은 선하신 하나님입니다.

히브리어로 '토브'(tov), 즉 '선하심'이라는 뜻을 가진 단어는 하나님이 주시는 복과 보호와 인자하심의 속성을 나타낼 때 자주 사용됩니다. 이 단어는 하나님이 천지를 창조하시면서 "보시기에 좋았더라" 하며 감탄하실 때 사용된 단어입니다. 이 단어 속에는 '좋음', '선함', '아름다움'이라는 뜻이 포함되어 있습니다.

둘째, 바나바는 하나님의 위로하는 성품을 닮은 사람입니다(행 4:36-37). 바나바라는 이름이 처음 등장하는 곳은 사도행전 4장입니다. 그의 이름을 번역하면서 "위로의 아들"이라고 말합니다.

바나바는 구브로에서 태어난 레위 사람입니다. 그는 예루살렘에서 태어난 사람이 아닙니다. 그의 고향은 구브로입니다. 그의 본래 이름은 요셉입니다. 그런데 사도들이 그를 바나바라고 불렀습니다. '바나바'의 원뜻은 '위로의 아들', '격려의 아들'입니다. 성경에서 '바'라는 글자가 나오면 그것은 '아들'이란 뜻입니다. 예를 들어, '바요나 시몬'은 '요나의 아들 시몬'이라는 뜻입니다. '바디메오'도 마찬가지로 '디메오의 아들'이라는 뜻입니다.

놀라운 것은 '위로'와 '격려'의 헬라어가 '성령님'과 같다는 것입니다. '성령님'은 '파라클레토스'(παράκλητος, parakletos)입니다. '파라클레토스'는 '파라'(παρά, para), 즉 '곁에'라는 단어와 '클레토스'(κλητος, kletos), 즉 '부르다'라는 단어의 합성어입니다. 성령님은 우리 곁에서 우리를 위로하시고 도우시는 분입니다. 그래서 성령님을 "위로자" 또는 "격려자"로 번역합니다. 또는 우리를 "도우시는 분"으로 번역합니다.

바나바는 성령님처럼 위로하는 사람입니다. 위로자란 슬픔을 달래 주는 사람입니다. 격려자란 사람들에게 용기를 북돋아 주는 사람입니다. 하나님은 위로하시는 하나님입니다.

너희의 하나님이 이르시되 너희는 위로하라 내 백성을 위로하라 사 40:1

성경은 특별히 환난 중에 하나님께 받은 위로를 통해 서로 위로하라고 말합니다.

우리의 모든 환난 중에서 우리를 위로하사 우리로 하여금 하나님께 받는 위로로써 모든 환난 중에 있는 자들을 능히 위로하게 하시는 이시로다 고후 1:4

셋째, 바나바는 성령과 믿음이 충만한 사람입니다(행 11:24). '성령과 믿음이 충만하다'는 것은 무엇을 의미할까요? 바나바의 성품이 성령 충만과 믿음 충만을 통해 형성되었다는 것을 의미합니다. 곧 그의 성품은 자연적인 본성이 아니라 초자연적인 본성임을 의미합니다. 성령 충만할 때 우리는 성령의 아홉 가지 열매를 맺게 됩니다. 바나바의 성품에서 성령의 아홉 가지 열매를 보게 됩니다. 성령 충만할 때 지혜가 충만하게 됩니다. 지혜가 충만하면 분별을 잘하게 됩니다.

> 오직 성령의 열매는 사랑과 희락과 화평과 오래 참음과 자비와 양선과 충성과 온유와 절제니 이 같은 것을 금지할 법이 없느니라 갈 5:22-23

영적 지도자의 영향력은 정말 중요합니다. 바나바가 안디옥 교회를 담임하면서 교회는 더욱 부흥 성장했습니다.

> 이에 큰 무리가 주께 더하여지더라 행 11:24

하나님은 묵묵히 섬기는 겸손한 사람을
존귀히 여기십니다

바나바는 지도자로서 인정받고 있을 때 바울을 찾아갑니다. 다소에 머물고 있던 바울을 만나 안디옥에 데리고 옵니다. 둘이 함께 성도들을 가르칩니다.

만나매 안디옥에 데리고 와서 둘이 교회에 일 년간 모여 있어 큰 무리를 가르쳤고 제자들이 안디옥에서 비로소 그리스도인이라 일컬음을 받게 되었더라 행11:26

그때 안디옥에 있는 제자들은 비로소 그리스도인이라 일컬음을 받게 됩니다. '그리스도인'이란 말은 그 당시 '예수쟁이'라는 뜻으로 시작되었습니다. 하지만 점점 '작은 그리스도'라는 뜻을 내포하게 되었습니다. 그리스도인이란 '그리스도를 닮은 작은 그리스도'라는 뜻입니다. 그리스도인이란 예수님을 생각나게 하는 사람입니다. 바나바가 바울을 데리고 와서 함께 안디옥 교회를 섬길 수 있었던 것은 그의 겸손한 성품 때문이었습니다.

겸손한 사람은 자기 한계를 알고 인정하며
동역하기를 기뻐합니다

바나바는 겸손했습니다. 자기 한계를 알았습니다. 자기 한계를 인정했습니다. 그는 안디옥 교회에 바울이 필요한 것을 알았습니다. 바울의 탁월한 가르침이 필요한 것을 알았습니다.

또한 바나바는 자기 한계를 인정했기에 바울과 동역하기를 기뻐했습니다. 혼자서 위대한 일을 이룰 수 없습니다. 우리 모두에게는 동역자가 필요합니다. 한 사람보다 두 사람이 낫습니다.

두 사람이 한 사람보다 나음은 그들이 수고함으로 좋은 상을 얻을 것임이라 혹시 그들이 넘어지면 하나가 그 동무를 붙들어 일으키려니와 홀로 있어 넘어지고 붙들어 일으킬 자가 없는 자에게는 화가 있으리라 또 두 사람이 함께 누우면 따뜻하거니와 한 사람이면 어찌 따뜻하랴 한 사람이면 패하겠거니와 두 사람이면 맞설 수 있나니 세 겹 줄은 쉽게 끊어지지 아니하느니라 전 4:9-12

겸손한 사람은
자원해서 무대 뒤에서 섬길 줄 압니다

바울을 역사의 무대에 세운 사람은 바나바입니다. 바울이 예수님을 만났을 때 모든 사도가 그를 만나기를 꺼려 했습니다. 그가 예수님의 제자 된 것을 믿지 않았습니다. 그때 바울을 사도들에게 소개해 준 사람이 바나바입니다.

사울이 예루살렘에 가서 제자들을 사귀고자 하나 다 두려워하여 그가 제자 됨을 믿지 아니하니 바나바가 데리고 사도들에게 가서 그가 길에서 어떻게 주를 보았는지와 주께서 그에게 말씀하신 일과 다메섹에서 그가 어떻게 예수의 이름으로 담대히 말하였는지를 전하니라 행 9:26-27

바나바는 바울과 함께 안디옥 교회 선교사로 파송을 받습니다. 처음에는 바나바의 이름이 바울(사울)보다 먼저 등장합니다.

주를 섬겨 금식할 때에 성령이 이르시되 내가 불러 시키는 일을 위하여 바나바와 사울을 따로 세우라 하시니 이에 금식하며 기도하고 두 사람에게 안수하여 보내니라 행 13:2-3

사도행전 13장 끝 무렵에는 바울의 이름이 먼저 등장합니다.

> 회당의 모임이 끝난 후에 유대인과 유대교에 입교한 경건한 사람들이 많이 바울과 바나바를 따르니 두 사도가 더불어 말하고 항상 하나님의 은혜 가운데 있으라 권하니라 _{행13:43}
> 바울과 바나바가 담대히 말하여 이르되 하나님의 말씀을 마땅히 먼저 너희에게 전할 것이로되 너희가 그것을 버리고 영생을 얻기에 합당하지 않은 자로 자처하기로 우리가 이방인에게로 향하노라 _{행13:46}

사도행전 15장에서 바울과 바나바는 마가 요한의 문제로 서로 심히 다툽니다. 하지만 바나바는 바울의 결정을 존중합니다. 그를 끝까지 지지합니다. 그날 이후로 바나바의 이름은 등장하지 않습니다. 역사의 무대에 사도 바울을 세운 후에 바나바는 사라집니다. 자신의 이름을 드러내지 않습니다. 바나바는 무대 뒤에서 바울을 섬긴 배려의 사람입니다.

겸손한 사람은
적절한 때에 조용히 물러설 줄 압니다

하나님의 사람은 때를 분별할 줄 알아야 합니다. 나서야 할 때가 있고 조용히 물러서야 할 때가 있습니다. 세례 요한은 한때 수많은 사람의 관심의 대상이었습니다. 하지만 예수님이 역사의 무대에 등장하셨을 때, 조용히 역사의 무대에서 사라졌습니다. 세례 요한의 고백은 우리에게 여전히 울림을 줍니다.

그는 흥하여야 하겠고 나는 쇠하여야 하리라 요 3:30

한때 사람들로부터 스포트라이트를 받았던 사람이 조용히 뒤로 물러서는 것은 결코 쉬운 일이 아닙니다. 바나바는 때가 되었을 때 조용히 물러납니다. 그는 진정한 의미에서 그릇이 큰 사람입니다.

로버트 클린턴(Robert Clinton) 교수는 그의 책에서 바나바를 "큰 사람"이라고 표현합니다.

바나바처럼 성공적으로 지도자 위치를 바꾸려면 은혜와 성숙함이 있어야 한다. … 자기 자리를 양보하고 따르는 자가 된다는 것은 큰 사람만이 할 수 있다. … 이렇게 함으로써 그는 선교에 큰 영향을 준 사람으로 교회사에 남아 있다. (로버트 클린턴, 《영적 지도자 만들기》, 베다니출판사, 111쪽)

겸손한 사람은
자신의 역할과 사명에 만족합니다

겸손하기 위해서는 건강한 자아상을 가져야 합니다. 세례 요한과 바나바를 보면 질투심이 없습니다. 구약에서 만나는 갈렙을 보아도 질투심이 없습니다. 그들은 건강한 자아상을 갖고 있습니다. 건강한 자아상을 가진 사람들의 특징은 자신의 역할과 사명에 만족한다는 것입니다. 건강한 자아상을 가진 사람들은 다른 사람과 자신을 비교하거나 경쟁하지 않습니다. 자신에게 주어진 역할과 사명에 감사합니다. 그것을 통해 하나님께 영광을 돌립니다.

바나바는 한때 선교 여행에서 탈락했던 마가 요한을 끝까지 품습니다. 사도 베드로에게 맡겨서 훌륭한 인물로 성장하게 만듭니다. 마가 요한은 베드로의 제자가 되어 마가복음을 기록합니다. 한때 인정하기를 거절했던 바울도 나중에 마가를 자신의 동역자로 여깁니다.

또한 나의 동역자 마가, 아리스다고, 데마, 누가가 문안하느
니라 몬 1:24

네가 올 때에 마가를 데리고 오라 그가 나의 일에 유익하니라

딤후 4:11

하나님은
겸손한 사람을 알아보십니다

바나바처럼 무대 뒤에서 섬기는 사람은 큰 그림을 볼 수
있어야 합니다. 바나바는 바울을 세움으로 세계 선교에 기여
했습니다. 바울은 수많은 사람을 그리스도께 인도한 사람입
니다. 그는 정말 궁창의 빛과 같이 빛나는 사람입니다.

지혜 있는 자는 궁창의 빛과 같이 빛날 것이요 많은 사람을
옳은 데로 돌아오게 한 자는 별과 같이 영원토록 빛나리라

단 12:3

바나바는 바울을 궁창의 빛과 같이 빛나는 인물로 키웠
습니다. 바나바는 바울을 통해 많은 사람이 구원을 받을 것을

알았습니다. 하나님이 바울을 이방인의 사도로 세우신 것을 알았습니다. 그래서 그는 바울을 무대에 세웠습니다. 하나님은 바나바의 겸손을 아십니다. 그의 배려를 아십니다. 그의 숨은 공을 아십니다. 그의 영향력을 아십니다. 바나바는 하늘에서 큰 상을 받았을 것입니다. 건강한 교회에는 바나바와 같은 인물이 많이 필요합니다. 바나바처럼 섬기는 성도들에게 하나님의 큰 위로와 큰 상이 함께하길 기도합니다.

묵상 질문

1 겸손한 사람은 자기의 한계를 알고 동역자를 세웁니다. 나는 한계를 인정하고 함께할 사람을 기쁘게 받아들입니까?

2 배려는 타인의 마음에 머무는 능력입니다. 오늘 나는 내 주변 사람의 마음에 어떻게 '머물러' 줄 수 있을까요?

3 진정한 겸손은 이름 없이 피는 꽃처럼 조용하지만 향기롭습니다. 나는 어떤 향기를 남기며 살고 있습니까?

"Humility is the key that unlocks the door to heaven."

겸손은
하늘의 문을 여는 열쇠다.
_A. W. 토저

8
배려와 십자가

요 19:25-30

십자가, 배려의 영성의 클라이맥스

십자가에서 베풀어 주신 예수님의 사랑은 배려하는 사랑입니다. 배려의 영성은 비이기적이며 이타적입니다. 그래서 성숙한 성품이며 아름다운 성품입니다. 예수님은 자신을 위해 십자가를 지신 것이 아닙니다. 예수님은 자신을 위해 십자가에 못 박히신 것이 아닙니다. 예수님은 자신을 위해 피와 물을 쏟아 주신 것이 아닙니다. 예수님은 죄인을 대신해서, 죄인을 위해서 십자가에서 돌아가셨습니다. 십자가의 형벌은 사람이 경험할 수 있는 최고의 고통입니다. 그 고통 중에도 예수님은 다른 사람을 배려하는 사랑을 베풀어 주셨습니다.

배려의 영성은 십자가에서 절정을 이룹니다. 십자가는 예수님의 구속의 드라마의 클라이맥스입니다. 십자가를 통해 하나님의 사랑을 깨닫게 됩니다. 십자가를 통해 구속의 비밀을 배웁니다. 십자가를 통과하지 않고는 누구도 구원을 받을 수 없습니다. 오직 십자가를 통해 우리는 구원을 받습니다. 그런 까닭에 십자가에서 예수님이 베풀어 주신 사랑을 잘 이해해야 합니다.

'배려'는 정말 소중한 단어입니다. 묵직한 단어입니다. '배려'(配慮)란 단어의 한자는 '나눌 배'(配)와 '생각할 려'(慮)의 합성어입니다. 배려는 나누고 베풀기 위해 깊이 생각하는 것입니다. '생각할 려'(慮)라는 단어에는 '마음 심'(心), '범 호'(虍), '생각 사'(思)가 담겨 있습니다. 이 단어에 '호랑이'가 담긴 것은 신중함과 주의 깊은 태도를 의미합니다. 마음을 가지고 신중하게 숙고해서 다른 사람의 상황과 입장을 살피는 것입니다. 즉 배려란 남을 돕기 위해 깊이 생각하고 세심하게 마음을 써서 돌보는 것입니다. 배려란 생각만 하는 것이 아니라 상대방을 돕기 위해 행동하는 것입니다.

배려라는 단어를 쉽게 이해하도록 바바 하리다스(Baba Hari Dass)가 전해 주는 이야기가 있습니다.

> 앞을 못 보는 사람이 밤에 물동이를 머리에 이고, 한 손에는 등불을 들고 길을 걸었다. 그와 마주친 사람이 물었다. "정말 어리석군요. 당신은 앞을 보지도 못하면서 등불은 왜 들고 다닙니까?" 그가 말했다. "당신이 나와 부딪히지 않게 하려고요. 이 등불은 나를 위한 것이 아니라 당신을 위한 것입니다." (바바 하리다스(한상복, 《배려》, 위즈덤하우스, 58쪽, 재인용))

예수님이 십자가에서 베푸신 배려의 사랑은 어떤 사랑일까요? 요한복음 19장과 복음서를 중심으로 설명하겠습니다.

예수님은 고통 중에도
어머니를 돌보셨습니다

배려의 영성은 부모님을 공경하는 영성입니다. 예수님은 하나님 아버지와 육신의 부모님을 공경하셨습니다. 목수였던 육신의 아버지는 일찍 돌아가셨습니다. 그런 까닭에 십자가에서 예수님은 어머니를 공경하십니다.

예수님의 어머니 마리아는 성령님을 통해 예수님을 잉태하고 출산했습니다. 예수님이 성장하시는 모습을 지켜보았습니다. 예수님이 30세가 되었을 때 가족을 떠나 말씀을 전하시고, 병을 고치시고, 귀신을 쫓아내시는 것을 보았습니다. 또한 예수님이 십자가에 죽으시고 사흘 만에 다시 살아날 것에 대해 말씀하시는 것을 들었습니다.

어머니에게 아들은 소중합니다. 또한 모든 자녀는 어머니에게 소중합니다. 그런데 마리아에게 예수님은 특별했습니다. 그 이유는 천사가 전해 준 하나님의 말씀을 듣고 잉태하고 출산한 까닭입니다.

보라 네가 잉태하여 아들을 낳으리니 그 이름을 예수라 하라 그가 큰 자가 되고 지극히 높으신 이의 아들이라 일컬어질 것이요 주 하나님께서 그 조상 다윗의 왕위를 그에게 주시리니 영원히 야곱의 집을 왕으로 다스리실 것이며 그 나라가 무궁하리라 눅 1:31-33

마리아가 천사를 통해 받은 말씀은 "잉태한 아들이 장차 큰 자가 되고 지극히 높으신 이의 아들이라 일컬어진다"는 것입니다. 또한 "그가 왕이 되어 다스린다"는 말씀입니다. 그런데 그 아들이 지금 십자가에 매달려 있습니다. 머리에서 발끝까지 채찍에 맞아 피투성이가 되었습니다. 두 손과 두 발에 못이 박혀 고통 중에 숨을 거세게 몰아쉬고 있습니다. 바로 그 고통의 순간에도 예수님은 어머니의 안위를 생각하십니다. 어머니를 배려해서 사랑하는 제자에게 어머니를 맡기십니다.

예수의 십자가 곁에는 그 어머니와 이모와 글로바의 아내 마리아와 막달라 마리아가 섰는지라 예수께서 자기의 어머니와 사랑하시는 제자가 곁에 서 있는 것을 보시고 자기 어머니께 말씀하시되 여자여 보소서 아들이니이다 하시고 또 그 제자에게 이르시되 보라 네 어머니라 하신대 그때부터 그 제자가 자기 집에 모시니라 요 19:25-27

예수님은 당신이 가장 신뢰할 수 있는 제자 요한에게 어머니를 돌보아 달라고 맡기십니다. 그때부터 요한이 자기 집에 예수님의 어머니를 모십니다. 정말 아름다운 장면입니다. 예수님께 어머니를 맡길 제자가 있다는 것이 행복입니다. 또한 어머니를 자기에게 맡겨 주신 스승을 만난 것이 요한의 행복입니다. 스승과 제자의 관계는 소중합니다. 하지만 스승과 제자의 관계가 이토록 친밀하긴 어렵습니다.

사도 요한이 예수님의 어머니를 모시는 데는 책임이 따릅니다. 희생과 헌신이 따릅니다. 하지만 그는 기쁨으로 예수님의 어머니를 모십니다. 요한이 예수님의 어머니를 친히 모실 수 있었던 것은 예수님의 사랑을 많이 받았기 때문입니다. 사도 요한은 스스로를 "사랑하시는 제자"라고 불렀습니다. 사랑이 사랑을 낳습니다.

예수님은 우리의 죗값을
대신 갚아 주셨습니다

십자가에서 예수님은 우리의 죗값을 대신 갚아 주셨습니다. 우리의 빚을 대신 감당해 주셨습니다. 우리가 주의 깊게 기억해야 할 단어가 '대신'입니다. 우리가 갚아야 할 빚을 주님이 대신 갚아 주셨습니다. 그러므로 우리는 빚의 무거운 짐을 벗게 되었습니다.

> 그 후에 예수께서 모든 일이 이미 이루어진 줄 아시고 성경을 응하게 하려 하사 이르시되 내가 목마르다 하시니 거기 신 포도주가 가득히 담긴 그릇이 있는지라 사람들이 신 포도주를 적신 해면을 우슬초에 매어 예수의 입에 대니 예수께서 신 포도주를 받으신 후에 이르시되 다 이루었다 하시고 머리를 숙이니 영혼이 떠나가시니라 요 19:28-30

예수님은 죽음의 순간에도 말씀을 묵상하십니다. 구약의 예언 가운데 자신에게 이루어질 말씀들을 묵상하고, 그 말씀을 암송하십니다. 십자가에서 돌아가실 때 예수님의 가장 큰 관심은 하나님의 말씀이 성취되는 것이었습니다. 하나님의 뜻이 성취되는 것이었습니다(요 19:28).

예수님이 십자가에서 목마르실 것을 예언한 성경은 시편 22편입니다. 시편 22편은 예수님의 십자가 현장을 미리 담아 둔 시입니다. 놀라운 예언입니다. 엄청난 계시입니다. 예수님은 시편 22편에 담긴 모든 일이 이루어진 것을 생각하십니다.

예수님을 에워싼 사람들이 많습니다. 예수님을 고발하고 고소한 사람들입니다. 예수님을 "십자가에 못 박으소서!"라고 외친 사람들입니다.

대제사장들과 아랫사람들이 예수를 보고 소리 질러 이르되 십자가에 못 박으소서 십자가에 못 박으소서 하는지라 빌라도가 이르되 너희가 친히 데려다가 십자가에 못 박으라 나는 그에게서 죄를 찾지 못하였노라 요 19:6

그들의 모습을 시편 기자는 "많은 황소", "바산의 힘센 소들"(시 22:12)이라고 묘사했습니다. 예수님이 목마르실 것을 다음과 같이 예언했습니다.

내 힘이 말라 질그릇 조각 같고 내 혀가 입천장에 붙었나이다 시 22:15

예수님을 개들이 에워쌌습니다. 성경에서 "개"는 이방인을 묘사합니다. 곧 로마 군인들이 예수님을 에워쌌습니다. 예수님의 수족을 찔렀습니다.

개들이 나를 에워쌌으며 악한 무리가 나를 둘러 내 수족을 찔렀나이다 시22:16

예수님이 십자가에 못 박히실 때 사람들은 예수님을 조롱했습니다. 예수님을 벌레처럼 취급했습니다.

나는 벌레요 사람이 아니라 사람의 비방거리요 백성의 조롱거리니이다 나를 보는 자는 다 나를 비웃으며 입술을 비쭉거리고 머리를 흔들며 말하되 그가 여호와께 의탁하니 구원하실 걸, 그를 기뻐하시니 건지실 걸 하나이다 시22:6-8

십자가에 못 박히실 때 예수님이 받으신 가장 큰 유혹은 십자가에서 내려오라는 유혹입니다.

지나가는 자들은 자기 머리를 흔들며 예수를 모욕하여 이르되 아하 성전을 헐고 사흘에 짓는다는 자여 네가 너를 구원하여 십자가에서 내려오라 하고 그와 같이 대제사장들도 서기관들과 함께 희롱하며 서로 말하되 그가 남은 구원하였으되 자기는 구원할 수 없도다 이스라엘의 왕 그리스도가 지금 십자가에서 내려와 우리가 보고 믿게 할지어다 하며 함께 십자

가에 못 박힌 자들도 예수를 욕하더라 막 15:29-32

십자가에서 내려오라는 사람들의 조롱이 왜 예수님께 유
혹이 될까요? 첫째, 예수님은 얼마든지 십자가에서 내려올
수 있는 전능하신 하나님이기 때문입니다. 둘째, 예수님은 얼
마든지 그들에게 복수할 수 있는 능력이 있는 공의로우신 하
나님이기 때문입니다. 그런데 예수님은 십자가에서 내려오
지 않으십니다. 끝까지 참으십니다. 예수님의 배려는 우리의
죗값을 온전히 대신 담당하기 위해 끝까지 참으시는 사랑입
니다. 사랑은 오래 참는 것입니다(고전 13:4). 사랑은 모든 것을
참으며 모든 것을 견디는 것입니다(고전 13:7).

예수님의 배려는 복수가 아닌 용서하는 사랑입니다.

이에 예수께서 이르시되 아버지 저들을 사하여 주옵소서 자
기들이 하는 것을 알지 못함이니이다 눅 23:34

예수님의 십자가는 용서의 십자가입니다. 배려한다는 것
은 용서한다는 것입니다. 용서란 대신 죗값을 지불해 주는 것
입니다. 죗값을 다 지불했다는 말씀이 바로 "다 이루었다"(요
19:30)입니다. "다 이루었다"는 말씀은 헬라어로 '테텔레스타

이'(τετέλεσται, tetelestai)입니다. 이 헬라어 원문은 완전 완료형입니다. '이루어졌다' 또는 '완전히 끝났다'는 뜻입니다.

여기서 완전 완료형이란 예수님이 하신 일이 완전히 이루어졌으며, 그 결과가 현재에도 영향을 미치고 있다는 것을 의미합니다. 헬라어 문법에서 완전 완료형은 과거에 일어난 행위가 현재에도 영향을 미치고 있음을 나타내는 시제입니다. 과거에 시작된 일이 지금 완성되었고, 그 결과가 지속됨을 나타냅니다. '테텔레스타이'라는 단어는 '완전히 갚아졌다'는 뜻입니다. 우리의 죗값을 완불했다는 뜻입니다.

제 아내가 차를 구입하고 5년에 걸쳐 찻값을 갚았습니다. 융자받은 차 대금을 완납했을 때, 전액 상환했다는 서류가 날아왔습니다. "PAID"(완불했음)라는 도장이 찍힌 서류입니다. 그런데 누군가가 대신 값을 지불해 주었다면 더욱 놀라운 기쁨을 누렸을 것입니다.

성경은 죄의 삯은 사망이라고 말합니다.

죄의 삯은 사망이요 롬 6:23

죄의 대가는 죽음이지만 현대인의성경

예수님이 십자가에서 우리를 대신하여 친히 우리 죄의

짐을 지셨습니다.

> 여호와께서는 우리 모두의 죄악을 그에게 담당시키셨도다
> 사 53:6
> 하나님이 죄를 알지도 못하신 이를 우리를 대신하여 죄로 삼
> 으신 것은 고후 5:21

'대속'(代贖)이라는 말은 예수님이 우리의 죗값을 대신 지불하고 사서 우리를 자유케 하신 것을 의미합니다. '대속'과 '속량'(贖良)이라는 말은 같은 뜻입니다. '속량'은 노예의 몸값을 대신 지불하고 양민이 되게 하는 것입니다.

> 우리는 그리스도 안에서 그의 은혜의 풍성함을 따라 그의 피
> 로 말미암아 속량 곧 죄 사함을 받았느니라 엡 1:7
> 그 아들 안에서 우리가 속량 곧 죄 사함을 얻었도다 골 1:14

예수님이 죗값을 대신 지불해 주셨다는 것은 무엇을 의미할까요? 예수님이 모든 죗값을 완불해 주셨다는 것은 무엇을 의미할까요? 우리가 한 일이 없으며, 할 일도 없다는 것을 뜻합니다. 구원의 은혜는 온전히 하나님이 모두 다 이루

신 것입니다. 우리가 할 일은 예수님이 십자가에서 우리를 위해 행하신 구속을 믿고 구원의 선물을 감사함으로 받는 일입니다. 아직도 구원을 위해 무엇인가 할 일이 남아 있는 것이 아닙니다.

> 너희는 그 은혜에 의하여 믿음으로 말미암아 구원을 받았으니 이것은 너희에게서 난 것이 아니요 하나님의 선물이라 행위에서 난 것이 아니니 이는 누구든지 자랑하지 못하게 함이라 엡 2:8-9

예수님이 십자가에 못 박히실 때 두 명의 강도가 함께 십자가에 못 박혔습니다. 그중에 한 강도가 예수님께 구원을 요청했습니다. 예수님은 그처럼 긴박한 상황에서도 그 강도를 구원하는 배려의 사랑을 베풀어 주십니다.

> 예수께서 이르시되 내가 진실로 네게 이르노니 오늘 네가 나와 함께 낙원에 있으리라 하시니라 눅 23:43

이 강도가 한 일은 아무것도 없습니다. 심지어 세례를 받은 것도 아닙니다. 하지만 예수님을 믿는 순간, 예수님의 구원의 선물을 받아들이는 순간, 구원을 받은 것입니다.

예수님의 배려는 우리를 대신해서 심판을 받으신 것입니다. 그런 까닭에 우리에게는 죄의 심판이 없습니다. 우리에게는 죄의 사망이 없습니다. 우리에게 육신의 죽음이 언젠가는 찾아옵니다. 하지만 우리의 영혼은 영원히 삽니다. 또한 육신은 예수님이 재림하시면 부활합니다.

내가 진실로 진실로 너희에게 이르노니 내 말을 듣고 또 나 보내신 이를 믿는 자는 영생을 얻었고 심판에 이르지 아니하나니 사망에서 생명으로 옮겼느니라 요 5:24

예수님의 배려는 우리를 대신해서 저주를 받으신 것입니다. 그런 까닭에 우리에게는 저주가 없습니다.

그리스도께서 우리를 위하여 저주를 받은 바 되사 율법의 저주에서 우리를 속량하셨으니 기록된 바 나무에 달린 자마다 저주 아래에 있는 자라 하였음이라 갈 3:13

우리에게는 저주가 없고, 정죄가 없습니다. 예수님이 우리 대신 정죄를 받으신 까닭입니다.

그러므로 이제 그리스도 예수 안에 있는 자에게는 결코 정죄함이 없나니 롬 8:1

예수님 안에서 우리에게는 정죄가 없습니다. 하나님이 무죄를 선언하셨습니다. 그 이유는 예수님이 우리를 대신해서 정죄를 받으시고 심판을 받으신 까닭입니다. 예수님이 우리를 대신해서 죗값을 지불하신 까닭입니다.

예수님은 우리를
신부로 삼아 주셨습니다

예수님의 배려는 우리에게 죄 용서와 함께 놀라운 선물을 허락해 줍니다. 그것은 우리를 신부로 삼아 주신 것입니다.

그중 한 군인이 창으로 옆구리를 찌르니 곧 피와 물이 나오더라 요 19:34

첫 번째 아담의 옆구리 갈비뼈에서 하와가 태어났듯이 마지막 아담이신 예수님의 옆구리에서 찢긴 살과 흘러나온 피와 물을 통해 신부 된 교회가 태어났습니다. 예수님이 약속하신 교회는 예수님의 신부로 십자가에서 태어났습니다. 십자가에서 창조되었습니다. 마르틴 루터(Martin Luther)는 우리가 죄 많은 창기와 같으나, 거룩하신 신랑 예수님을 만나 신부가 되었다고 말합니다.

> 부요하시고 거룩하신 신랑 그리스도께서 이 가난하고 사악한 창기와 결혼하사, 그를 그의 모든 죄악에서 건져 주시며, 자신의 모든 좋은 것으로 장식해 주신다. 정말이지, 이제는 죄악이 그를 멸망시킬 수 없다. 이는, 그의 죄 짐은 그리스도에게 지워졌고, 그의 죄는 그리스도에게 삼킨 바 되었기 때문이다.
>
> 그는 또한, 그의 신랑인 그리스도 안에 있는 의를 소유하게 되었는데, … 자기의 모든 죄에도 불구하고 이 의를 죄와 지옥에 대항하여 자신 있게 내세울 수 있게 되었으며, 다음과 같은 말도 할 수 있게 되었다. "비록 나는 죄를 지었으나, 내가 믿는 나의 그리스도는 죄를 짓지 않았으며, 그의 모든 것은 나의 것이고, 나의 모든 것은 그의 것이다."
>
> (마르틴 루터, 《크리스찬의 자유》, 좋은땅, 60-61쪽)

예수님의 배려는 우리의 죄악을 모두 가져가신 것입니다. 예수님의 배려는 자신의 의를 우리에게 전해 주신 것입니다. 예수님의 배려는 우리를 신부로 삼아 주신 것입니다. 예수님의 배려는 종이었던 우리를 하나님의 자녀로 삼아 주신 것입니다. 하나님 나라의 상속자로 삼아 주신 것입니다(롬 8:17). 예수님의 배려는 가난한 우리를 부요케 하신 것입니다.

우리 주 예수 그리스도의 은혜를 너희가 알거니와 부요하신 이로서 너희를 위하여 가난하게 되심은 그의 가난함으로 말미암아 너희를 부요하게 하려 하심이라 고후 8:9

바울은 예수님 안에서 선택받은 자가 누리는 풍성한 은혜를 다음과 같이 기록합니다.

찬송하리로다 하나님 곧 우리 주 예수 그리스도의 아버지께서 그리스도 안에서 하늘에 속한 모든 신령한 복을 우리에게 주시되 곧 창세전에 그리스도 안에서 우리를 택하사 우리로 사랑 안에서 그 앞에 거룩하고 흠이 없게 하시려고 그 기쁘신 뜻대로 우리를 예정하사 예수 그리스도로 말미암아 자기의 아들들이 되게 하셨으니 이는 그가 사랑하시는 자 안에서 우리에게 거저 주시는 바 그의 은혜의 영광을 찬송하게 하려는 것이라 엡 1:3-6

우리가 받은 은혜는 하나님이 거저 주신 은혜입니다. 값 없이 주신 은혜입니다. 우리가 할 일은 하나님의 은혜의 영광 을 찬송하는 것입니다.

그리스도 예수 안에 있는 속량으로 말미암아 하나님의 은혜 로 값없이 의롭다 하심을 얻은 자 되었느니라 롬 3:24

우리의 신랑은 예수님이십니다. 우리는 신부 된 교회입 니다. 그래서 신부 된 교회를 사랑해야 합니다. 예수님이 신부 된 교회를 위해 자신을 내어 주셨기 때문입니다.

남편들아 아내 사랑하기를 그리스도께서 교회를 사랑하시고 그 교회를 위하여 자신을 주심같이 하라 엡 5:25

예수님은 우리를 위해
성령님을 보내 주셨습니다

예수님의 배려는 십자가를 지시기 전에 주신 놀라운 약 속에 담겨 있습니다. 그 약속은 성령님을 보내 주시겠다는 약속입니다.

보혜사 곧 아버지께서 내 이름으로 보내실 성령 그가 너희에게 모든 것을 가르치고 내가 너희에게 말한 모든 것을 생각나게 하리라 요14:26

그러나 내가 너희에게 실상을 말하노니 내가 떠나가는 것이 너희에게 유익이라 내가 떠나가지 아니하면 보혜사가 너희에게로 오시지 아니할 것이요 가면 내가 그를 너희에게로 보내리니 요16:7

예수님은 십자가에 죽으시고 부활하신 후에 성령님을 보내 주셨습니다. 성령님을 보내 주심으로 우리가 하나님의 자녀 됨을 확실하게 인 쳐 주셨습니다.

그 안에서 너희도 진리의 말씀 곧 너희의 구원의 복음을 듣고 그 안에서 또한 믿어 약속의 성령으로 인 치심을 받았으니 엡1:13

성령님의 인 치심은 우리가 하나님의 소유 됨을 의미합니다. 하나님께 소속됨을 의미합니다. 하나님이 우리의 주인이 되시며 우리의 아버지가 되십니다. 그러므로 하나님 아버지는 우리를 보호해 주십니다. 우리에게 필요한 것을 공급해 주십니다. 우리는 하나님의 아들 그리스도 예수 안에서 안전합니다.

하나님은 성령님을 통해 우리에게 은사를 선물로 주십니다. 은사를 따라 그리스도의 몸 된 교회를 섬기게 하십니다. 성령님이 우리 안에서 역사하심으로 우리는 확신을 가지고 하나님을 아버지라 부르게 됩니다.

너희는 다시 무서워하는 종의 영을 받지 아니하고 양자의 영을 받았으므로 우리가 아빠 아버지라고 부르짖느니라 성령이 친히 우리의 영과 더불어 우리가 하나님의 자녀인 것을 증언하시나니 롬 8:15-16

우리는 예수님의 보혈과 성령님의 능력을 힘입어 하나님 아버지께 담대함과 확신을 갖고 나아갈 수 있습니다.

우리가 그 안에서 그를 믿음으로 말미암아 담대함과 확신을 가지고 하나님께 나아감을 얻느니라 엡 3:12

성령님은 지혜와 총명의 영이십니다. 하나님은 성령님을 통해 우리에게 지혜를 더해 주십니다. 또한 성령님이 우리 안에서 역사하실 때 성령의 아홉 가지 열매를 맺게 됩니다. 성령님은 그리스도의 성품을 우리 안에서 형성하게 하십니다.

예수님의 배려하시는 사랑은 십자가에 나타납니다. 십자가에서 우리의 죄 짐은 사라졌습니다. 십자가에서 죗값은 완불되었습니다. 십자가에서 우리는 예수님의 신부가 되었습니다. 이제 우리가 할 일은 십자가에서 받은 배려의 사랑을 사람들에게 베푸는 것입니다. 십자가를 통해 배운 부모 공경과 용서를 베푸는 사랑을 실천하며 살아가는 것입니다.

다른 사람을 먼저 배려하는 천국 문화를 가정과 공동체 안에 형성하기를 바랍니다. 육의 힘으로는 배려의 사랑을 베푸는 것은 어렵습니다. 오직 성령님을 의지하는 가운데 배려의 사랑을 실천하기를 바랍니다. 만나는 사람들을 하나님의 자녀로 대하십시오. 예수님의 신부로 대하십시오. 만나는 사람들을 존중하십시오. 존중은 천국의 문화입니다. 배려는 천국 문화입니다. 천국 문화를 통해 기쁨과 평강과 화목과 행복을 경험하기를 기도합니다.

묵상 질문

1 십자가에서 예수님이 나를 대신해 모든 죗값을 치르셨다는 사실은 내 일상에 어떤 자유와 감사로 이어지고 있나요?

2 "다 이루었다"는 예수님의 말씀처럼, 내 삶 속에서 하나님께 온전히 맡기며 멈추어야 할 부분은 무엇인가요?

3 내가 받은 십자가의 사랑과 은혜를 이웃에게 나누기 위해 오늘 내가 할 수 있는 작은 실천은 무엇인가요?

십자가는
하나님의 배려가
인간의 형체로 드러난 사건이다.

_ 필립 얀시

"The cross is God's care made
visible in human form."